VOYAGE

A

ROME

EN 1853

PAR

ARTHUR DE GRANDEFFE.

TROISIÈME ET DERNIER VOLUME.

PARIS

LEDOYEN, LIBRAIRE-ÉDITEUR,

31, GALERIE D'ORLÉANS (PALAIS-ROYAL).

1857

VOYAGE A ROME

IMPRIMERIE ET LIBRAIRIE CENTRALES DES CHEMINS DE FER
DE NAPOLÉON CHAIX ET Cᵉ,
20, rue Bergère, près du boulevard Montmartre.

VOYAGE

A

ROME

EN 1853

PAR

ARTHUR DE GRANDEFFE.

—◦—

TROISIÈME ET DERNIER VOLUME.

—◦—

PARIS

LEDOYEN, LIBRAIRE-ÉDITEUR,

31, GALERIE D'ORLÉANS (PALAIS-ROYAL).

1857

VINGT-DEUXIÈME LETTRE

Rome, ce 9 décembre 1853.

Mon cher Paul,

Me voilà de retour à Rome. Je suis logé *Via del Corso;* j'ai deux balcons sur cette rue de Rivoli de Rome, ce qui ne me console que médiocrement de la perte de mon gracieux *cicerone*

1

de Grotta-Ferrata, et aussi du changement de paysage et d'horizon.

Où sont les longues heures de promenade et de rêverie dont j'aimais à t'entretenir dans mes lettres précédentes ? tout cela a fui loin de moi, et pour ne plus revenir.

Fugit irreparabile tempus !

S'il est une chose qui doive nous pénétrer du néant des biens de la terre, c'est sans contredit cette rapidité effrayante avec laquelle on voit disparaître les instants de bonheur que l'on a goûtés ; on dirait que la destinée se plaît à placer ainsi sous nos yeux ces tableaux charmants et séducteurs qu'un souffle de son caprice anéantit quand nous croyons le plus à leur réalité. L'homme est continuellement le jouet de la Fortune ; cette dame capricieuse et coquette nous entraîne à sa poursuite, avec ces sourires de femme si séduisants, et quand elle nous voit enchaînés à ses pieds et goûtant dans le repos du cœur et de l'esprit le nectar dont est pleine sa coupe empoisonnée, la perfide jette au loin et coupe et nectar et illusions trompeuses, part d'un grand éclat de rire, et nous laisse stupéfaits, comme si, endormis sur un trône, nous nous retrouvions, au réveil, couverts de haillons et couchés près d'un égout.

Voilà qui sent l'épopée, mon cher Paul, ou plutôt le romantisme moderne ; mais aussi je fais mes adieux à Pépa, et l'on ne doit point traiter une célèbre actrice ainsi que le commun des mortels Au surplus, tu me pardonneras mes tirades d'aujourd'hui, car il faut que j'épanche ma tristesse dans ton cœur, et quand je suis triste, je monte sur un coursier ailé, avec mon imagination pour guide, et je cherche à me distraire dans les espaces inconnus. Sois donc indulgent, tu ne t'en repentiras pas. Je te promets, quand mon coursier sera revenu sur terre, de te raconter un voyage que j'ai fait ces jours derniers à *Tivoli*.

Revenons à ma petite diatribe contre la Fortune. Avoue que j'ai raison de lui en vouloir. N'est-ce pas en effet bien *vilain* de sa part de se jouer ainsi de nos pauvres cœurs! elle m'envoie à Grotta-Ferrata, sans me consulter; là, elle s'arrange de façon que je trouve sur ma route une créature aussi intéressante par ses malheurs que par la distinction de son esprit et l'élévation de ses sentiments; elle me met à même d'apprécier tout le prix d'une pareille connaissance; et puis, quand je me suis habitué aux charmes de cette société; quand le vide de mon cœur s'est trouvé surabondamment rempli, la cruelle Fortune sonne le *boute-selle* et m'exile à Rome, en me séparant pour jamais d'une amie qu'il ne me sera peut-être donné, en aucun temps, de pouvoir remplacer dans mon souvenir.

Si j'étais seul victime de ces inconséquences du sort, je n'oserais pas élever si haut la voix; mais il est des milliers de gens encore plus maltraités que je ne le suis; aussi ai-je résolu de plaider leur cause en même temps que la mienne, et dussé-je voir mon cri se perdre dans les airs, je dirai bien haut mes griefs, dans l'espoir qu'il en reviendra toujours quelque chose aux oreilles de mon inconstante ennemie.

On me répondra peut-être, s'il se trouve quelqu'un d'assez osé ou d'assez heureux pour défendre la partie adverse que : si j'étais resté bien tranquille chez moi, je n'aurais pas même soupçonné les vicissitudes dont je me plains. L'argument ne manque pas d'une certaine valeur; mais, en admettant que les chances de mauvaise fortune soient en raison directe de l'agitation de notre vie, n'y aurait-il pas moyen de passer moins rapidement de la félicité à l'adversité, de la joie à la tristesse? Ce sont ces transitions si brusques qui me désolent; je ne puis m'accoutumer à l'idée que dans le baiser que je donne à une personne aimée il y a peut-être le froid de la mort, le deuil de l'adversité, le mystère d'un dernier adieu ! alors je n'ai plus de repos, plus de tranquillité; la confiance manque à mon bonheur; je m'aperçois que j'ai dormi au bord d'un abîme, et je n'ose plus fermer les yeux; alors je sens une larme glisser dans mes sourires, un soupir entrecouper mes caresses; alors le doute cruel me répète à chaque instant que je suis, toute ma vie, condamné au supplice de Tantale.

Donnez-moi si peu de bonheur que vous voudrez, mais, au moins, qu'il soit sans amertume et sans regrets; que je le savoure à l'aise et dans un repos confiant. Dites-moi que je ne serai heureux que pendant un quart d'heure de ma vie, mais au moins que je puisse compter sur ce quart d'heure.

Eh bien, que penses-tu, Paul, de ma plaidoirie? veux-tu savoir mon opinion? Je crois, entre nous, que je perdrais mon procès, si les choses allaient plus loin que d'Arthur à Paul.

Hélas ! il faudrait alors non pas plaider contre la fortune, mais bien contre notre propre nature ; il faudrait s'en prendre à celui qui nous a faits ce que nous sommes ; et qui osera adresser un reproche à notre divin Créateur ? Le premier homme eut cette audace, elle nous valut une malédiction éternelle. Puisque le fils de Dieu a lavé notre faute dans son sang divin, soyons plus sages que notre premier père, résignons-nous et respectons le secret de Dieu.

Avant de quitter Pépa, je lui ai fait promettre de confier au papier, pour me les envoyer, ces pensées de son esprit que j'aimais tant à surprendre dans le laisser-aller de nos conversations intimes ; elle a promis ; mais elle est femme ! tiendra-t-elle parole ? A mon tour, je m'engage à te communiquer notre correspondance, elle ne pourra manquer de t'intéresser, après ce que je t'ai conté sur le personnage en question. Si Dieu voulait qu'elle retrouvât sa chère petite fille, je regretterais trop qu'elle ne

me fît pas part de cet heureux événement pour
que je songe à te le tenir caché.

Mais laissons de côté ces choses du cœur, qui
sortent du plan que nous nous étions tracé, et
parlons de *Tivoli*. Cette ville mérite bien qu'on
lui consacre une lettre tout entière ; aussi vais-
je t'en faire une description plus consciencieuse
que savante, mais dont tu ne mettras pas en
doute la véracité, puisque je ne te dirai rien
que je n'aie vu, de mes propres yeux vu.

Quand on va de Rome à *Tivoli*, à près d'une
lieue de Rome on passe le petit fleuve *Anieno*,
autrement dit le *Teverone*, sur un pont appelé
le *ponte Mamolo*.

A cinq lieues de Rome, c'est-à-dire à une
lieue de Tivoli, on rencontre un autre pont, appelé le *ponte Lucano*. Il y a donc en tout six
lieues de Rome à Tivoli, ce qui fait dix-huit
milles romains. Un peu après le point milieu de

cette distance, on voit sur la droite de la route (en allant à Tivoli) un petit lac d'eau sulfureuse où se jette un ruisseau ou canal qui apporte cette eau d'une montagne voisine et qui coupe perpendiculairement la route.

Le lac en question s'appelle *il lago dei Tartari*. Ce nom pourrait faire croire qu'il a quelque chose de commun avec les enfers des anciens; en effet, l'ensemble du lac, du canal et de la campagne environnante, se prête assez, par l'aspect désolé dont on a le coup d'œil, à une pareille explication.

Pourtant on donne à ce nom une autre étymologie; la voici : l'eau du canal et du lac, qu'on appelle *aqua albula*, à cause de sa couleur, qui ressemble à celle de l'*alba* (l'Aube), a sur les pierres du lit du fleuve une vertu destructive qui fait que ces pierres sont *forrate* (creusées à jour), après un certain séjour dans l'onde *albula* : c'est ce qu'on appelle en italien des pierres *tartarisate*. Voilà la raison d'être de ce nom si effrayant de prime-abord.

Les *guides* du voyageur en Italie te diront, mon cher Paul, que Tivoli (autrefois Tibur) fut fondée par les *Sicaniens*, l'an 1150 avant l'ère chrétienne; qu'aujourd'hui Tivoli, située à mi-côte d'une des montagnes de la chaîne appelée *la Sabina*, et arrosée par le fleuve *Anio*, est une ville épiscopale et possède six mille habitants. Laissons parler les *guides* à leur manière, et parlons à la nôtre.

Passons sous silence les villas autrefois habitées par *Quintilius Varus*, *Mécène*, *Salluste* et *Catulle;* nommons seulement la villa d'*Este*, qui date du xvie siècle, et celle que bâtit Adrien en dehors de Tivoli, où nous engageons fort nos lecteurs à promener leurs pas de touristes, tout en les priant de se méfier des *ciceroni* qui les y conduiront. Enfin, conseillons à nos amis et connaissances de remonter l'Anio jusqu'à *Su-*

biaco, une des plus jolies petites villes de la contrée, et retournons à Tivoli, où nous appellent le *temple de Vesta*, les *cascades de l'Anio*, la *grotte de la Sybille* et la *métairie d'Horace*.

Pourquoi, me diras-tu, cher Paul, tant se presser d'en finir avec les curiosités que je viens de passer en revue si rapidement? Pourquoi ne pas donner tes impressions personnelles sur toutes ces choses? Parce que, d'abord, je n'ai point la prétention de t'envoyer un *Guide* sur l'Italie. Si ma modeste plume peut avoir quelque influence sur ton esprit, je préfère mille fois qu'elle passe à tes yeux pour être la plume d'un philosophe (1) et non celle d'un archéologue ou d'un *leveur de plans*. Qu'aurai-je gagné à te dire que telle ou telle colonne est d'*ordre dorique*

---

(1) J'ai entendu dire à une femme de beaucoup d'esprit, qu'en fait de philosophie, il valait mieux avoir la chose que le nom. Je ne trouverais rien à répondre à cette judicieuse remarque, si *la déesse de la réclame* ne me soufflait dans l'oreille, qu'au temps où nous vivons, *bonnes annonces valent mieux que bonne marchandise !*   (*Note de l'Auteur.*)

ou d'*ordre ionien*; que de tel temple il reste
trois colonnes et demie, et que tel tableau eut
pour père M. X...? Peut-être serais-je parvenu
à te faire croire que je suis quelque peu peintre, quelque peu sculpteur, voire même quelque
peu savant. Loin de moi de telles prétentions!
A mon avis, personne n'est plus ridicule que
l'homme qui veut passer pour avoir la science
universelle, et quand tu me verras parler de
choses qui ne sont point de mon ressort, c'est
que je les envisagerai beaucoup moins en elles-
mêmes que dans les rapports qu'elles auront
avec les sujets que je traiterai.

D'ailleurs j'éprouve une telle répugnance pour
le système des gens qui visitent un pays sans
avoir d'autre compagnon que leur guide de
voyage, que je me ferais un cas de conscience
de leur fournir les moyens de se livrer à cette
manie si caractéristique des touristes anglais.

Faudra-t-il dire pour cela que les guides soient des livres inutiles ou sans valeur? Non, il y en a qui rendent beaucoup de services aux voyageurs ; le petit guide de M. Barns, à Rome, m'a donné plus d'un précieux renseignement, et j'en pourrais citer d'autres que je recommanderais aux voyageurs en Italie ; par exemple, le *Guide-Chaix*, aussi commode par sa forme que remarquable par l'exactitude des détails que l'on y trouve.

Mais ce que je veux avant tout chez les voyageurs, c'est qu'ils aient pour guide principal leur esprit et leur cœur. Jugez les choses passées et présentes à l'aide de ces deux *criterium*, et vous serez sûr de rapporter de vos voyages, sinon beaucoup de notes de statistique, du moins beaucoup d'appréciations qui vous permettront de dire et de prouver que vous connaissez les pays que vous aurez parcourus.

N'imitez pas cette sotte habitude des Anglais

en voyage qui, s'arrêtant devant les vieux monuments du passé, restent à les admirer tout juste le temps qu'il leur faut pour constater qu'ils sont indiqués sur leur *guide* en leur vrai lieu et place.

Habituez-vous à juger les choses vous-même, et quand vous visitez une ville étrangère, n'y cherchez pas des éléments des ridicules conversations dont vous pensez étourdir plus tard les oreilles de vos compatriotes ; mettez-vous en peine de faire collection de sensations qui soient vôtres, et de pouvoir dire, à votre retour : j'ignore beaucoup ; mais ceux qui croient en savoir plus long que moi à propos des choses que nous avons vues là-bas, seraient bien embarrassés peut-être de donner leur opinion personnelle sur les monuments et les souvenirs dont ils parlent tant.

Moi, j'ai peu vu, mais j'ai beaucoup compris : voilà ce que doit ambitionner de pouvoir dire tout voyageur consciencieux et sérieux.

Cette discussion me rappelle un trait d'un Anglais qui pensait sans doute avoir le goût des arts, parce qu'il achetait très-cher force tableaux et force médailles antiques; tu me diras si tu penses comme lui. Il entra un jour chez un marchand de tableaux de la *via Condotti* et y passa en revue quelques toiles qu'il se mit à marchander; quand on lui disait des prix modérés, il regardait à peine le tableau qu'on lui présentait; enfin, ayant fait un choix qu'il crut bon, car il en était pour ses quelques milliers de francs, il aperçut près du tableau choisi un autre dont il demanda la valeur; entre les deux le marchand avait mis une différence assez légère, pourtant c'était une différence en plus pour le nouveau tableau, que l'Anglais emporta à son hôtel, bien satisfait, assurément, de son acquisition et aussi de son coup d'œil d'amateur.

Tu vas te moquer sans doute de la simplicité de mon Anglais; pourtant, regarde autour de toi, et si tu rencontres une seule personne qui n'ait pas fait au moins une fois dans sa vie quelque chose d'analogue à ce que fit l'Anglais en question, je te proclamerai plus habile que celui qui trouvera *la pierre philosophale!*

Combien de gens y a-t-il dans le monde qui aient une idée, une pensée, une opinion dont ils puissent se vanter d'être pères? Et cette facilité de la foule à suivre la première impulsion venue, n'est-elle pas l'explication toute naturelle de ces milliers de préjugés, de modes absurdes, d'idées et jugements erronés, de réputations usurpées dont le monde est plein?

Ah! il vaut mieux mille fois tomber dans l'erreur en voulant juger par soi-même, que de voir toujours clair par les yeux d'autrui! Si l'on s'est trompé, tant pis! On a du moins fait un acte qui prouve que l'on a une vie morale à soi; on est homme enfin!

Mais parlons de Tivoli. Ce qui précède nous

met fort à l'aise, car c'est un programme qui servira d'excuse à nos divagations de touriste:

L'*Anio* ou le *Teverone* traverse Tivoli ; il vient de *Subiaco*, avons-nous dit ; il vient même de plus loin encore ; ce n'est point notre affaire, c'est la sienne. Tivoli étant sur une hauteur, le fleuve en passant par cette ville devait nécessairement former des cascades à sa descente vers la plaine qui touche à Rome ; aussi l'*Anio* tombait-il du milieu de Tivoli dans les gouffres qu'on appelait grottes *de Neptune* et de *la Sybille* ; mais de temps à autre, l'eau, qui est après le feu un des éléments destructeurs par excellence, l'eau à son passage emportait des portions assez considérables de la ville. Le mal n'eût pas été grand pour des terrains abandonnés, mais ce sol ainsi miné par le torrent supportait des habitations humaines.

A chaque crue du fleuve, il y avait donc des catastrophes à déplorer ; le pape Grégoire XVI, auquel on ne reprochera pas d'avoir exagéré les réformes industrielles dans ses États, s'émut pourtant à la pensée des désordres dont l'Anio se rendait parfois coupable à Tivoli, et résolut de mettre fin à un pareil état de choses.

Il fit étudier la question par des ingénieurs qui durent être plus habiles à manier le compas que le pinceau et la palette, si on en juge par le résultat peu pittoresque de leurs études et de leurs travaux. On changea donc le lit du fleuve, et l'on construisit en dehors des portes de Tivoli un tunnel où passe aujourd'hui le fleuve *mis à l'index*, et c'est ainsi que disparut, par une pensée philanthropique, la magnifique cascade de Tivoli que certainement Horace n'eût point changée pour la *cascade neuve*, quels que soient d'ailleurs les avantages (que nous ne nierons pas) du système de Grégoire XVI.

La cascade actuelle est certainement encore

fort belle, telle que l'ont laissée les impitoyables calculs de la géométrie ; mais, pour ma part, j'admire bien plus les petites cascades qu'on appelle *cascatelles,* car au moins elles ont conservé ce *naturel* qui manque à la cascade des ingénieurs.

Tu vas te moquer de moi, en me voyant m'attendrir ainsi sur le sort d'une cascade ; pourtant je t'assure que je suis loin d'être insensible aux bienfaits que l'industrie humaine répand autour de nous, à chaque pas ; seulement, j'aime les grands spectacles de la nature et je m'imagine que la vieille cascade, au bruit de laquelle Horace composa ses admirables vers, devait être si imposante et si grandiose, que j'aurais sacrifié volontiers une bonne partie de la ville de Tivoli pour la conserver telle qu'elle était dans l'origine, sauf à transplanter plus loin les habitants, menacés par cette expropriation d'un nouveau genre.

Grégoire XVI n'a pas été de mon avis, sachons lui en gré, puisqu'il a cru que la vie d'un seul de ses sujets valait mieux qu'une merveille de la nature. Il n'avait pas tout à fait tort, quoi que j'en aie dit précédemment, car en définitive, de toutes les merveilles de la création, l'homme est encore la plus grande.

Est-ce à dire pour cela que l'homme soit quelque chose de bien précieux ? C'est selon, et je répondrais, oui et non. L'homme vaut beaucoup et vaut bien peu ; *c'est un bon blé mêlé d'ivraie;* quelquefois l'ivraie domine, suivant les temps, les lieux et les circonstances.

Je ne mets pas en doute que les gens d'un certain âge n'aient le droit de juger sévèrement l'humanité, tandis que nos yeux, à nous jeunes gens, sont pleins d'indulgence pour ce monde perfide et ingrat où nous entrons à peine : il est certain que si j'avais quarante ou cinquante

années derrière moi, j'aurais passé par bien
des épreuves que j'ignore encore, et qui
m'auraient rendu peut-être assez misanthrope
pour me faire désirer de devenir ermite. Pourtant, que prouverait ma sévérité et mon scepticisme? Rien! sinon qu'il est presque impossible à notre pauvre esprit de juger les choses
avec modération. Jeune homme, nous voyons
le monde en rose; vieillard, nous lui prêtons
les plus sombres couleurs. Le monde n'est ni
rose, ni noir, il est tout ce qu'on veut qu'il
soit!

Ainsi, nier l'existence des honnêtes gens, me
paraît aussi absurde que de nier celle des coquins.

Au surplus, je suis bien aise de te donner ici
une preuve de l'existence des premiers, avant
que l'âge n'ait tellement habitué mes regards à
ne rencontrer que les seconds, qu'il me soit

devenu fort difficile de ne pas les voir partout et toujours.

Je prétends qu'il y a des honnêtes gens dans le monde; je te demande la permission de ne pas prouver qu'on y trouve des coquins; j'admets la chose comme un axiome. Tu vas croire peut-être que je vais faire comme Descartes, qui chasse de l'univers tout ce qu'il y voit, Dieu lui-même, et qui n'ose pas s'en chasser aussi, et se prend pour pierre d'assise de son édifice philosophique, appelé le fameux système *du doute universel;* non, je ne dirai pas : il y a dans le monde des honnêtes gens, car je me crois un honnête homme; j'aime mieux choisir une preuve qui soit à la portée de tous. Je dis donc : Il y a des honnêtes gens dans le monde, parce qu'on y trouve des coquins! En effet, les coquins ressemblent à ces frelons que l'on rencontre toujours aux alentours des ruches à miel : quand on les voit, on est sûr que la ruche est dans le voisinage. De même, quand

un coquin passe à vos côtés, soyez certain qu'un
honnête homme n'est pas loin ; car le coquin
que vous venez de rencontrer, ou bien sort de
chez un honnête homme qu'il a trompé, ou bien
va chez un honnête homme qu'il trompera.

Voit-on jamais des coquins se fréquenter et
se faire bonne figure? Il faut qu'ils soient dans
une grande détresse ou qu'ils aient un bien vilain coup à faire, pour qu'ils aillent chez leurs
semblables.

Généralisons. Passez la revue de toutes les
familles que vous connaissez, et dites-moi si
vous pouvez nommer un palais, un salon, une
chaumière où il n'y ait pas au moins un coquin,
soit en visite, soit à demeure ! Eh bien, ce
coquin prouve par sa présence que, dans ce
lieu, il y a au moins un honnête homme qui est
sa dupe, car autrement vous ne l'y auriez pas
vu installé.

Dis après cela, cher Paul, que je ne fais pas la part bonne à tous, et ose nier, si tu peux, l'existence de la vertu, quand le vice est le meilleur avocat de cette cause que tant de gens croient perdue.

Eh mon Dieu ! s'il n'y avait pas d'honnêtes gens sur la terre, les coquins se dévoreraient entre eux jusqu'au dernier, qui s'en prendrait à lui-même de ne plus avoir personne à exploiter, et le monde toucherait vite à sa fin.

Nous voici loin de l'*Anio*, des *cascades*, de *Tivoli*, etc... Mais je ne t'ai pas *pris en traître*, je t'ai averti déjà qu'une fois lancé dans les *pathos philosophiques*, il devenait fort difficile de m'en sortir. Pourtant je serais bien aise que tu me disses franchement ce que tu penses de mon nouvel argument en faveur des honnêtes gens? Fais-en l'application, les occasions ne te manqueront pas et tu m'en donneras des nouvelles.

Mais revenons à l'actualité. Je suis donc arrivé sain et sauf à Tivoli. Je m'aperçois que j'ai oublié de te dire que j'avais fait le voyage, en compagnie de M. *Frisé*, le coursier de la *passegiata del fiume* à Rome.

M. *Frisé* est un cheval napolitain que j'ai racheté du service militaire, et depuis lors je m'en sers régulièrement pour mes excursions dans la campagne romaine et au delà.

Truffard s'est bien permis quelques plaisanteries plus malveillantes que facétieuses sur mon équipement, qui ne brille pas précisément par l'élégance : mais qu'importe, que *Frisé* soit bien ou mal vêtu, s'il a de bonnes jambes et me transporte à toute heure où bon me semble, et de l'allure qu'il me convient qu'il prenne !

Après avoir cherché un logement pour *Frisé*, j'ai pensé à son maître, qu'on a logé à l'*alber-*

gho, dans une chambre située sur une rue dont j'ai oublié le nom. Mais ce que je n'ai pas oublié, c'est le voisinage pittoresque des montagnes neigeuses qui couronnent Tivoli : c'était, je t'assure, un beau spectacle qui me rendit plus indulgent pour le *locandiere* et son cuisinier ; mais, après tout, on ne vient pas à Tivoli pour être bien couché, ou pour avoir un bon dîner, on y vient pour vivre d'enthousiasme et d'admiration, et cette vie-là en vaut bien une autre.

D'ailleurs je ne crois pas que le confortable soit ce qu'il y ait de plus bienfaisant pour la santé. Une vie frugale et dure m'a toujours paru le meilleur des régimes.

Quoi qu'il en soit, j'ai fort peu dormi dans mon lit de l'albergho, si hygiénique qu'il fût, et je me suis empressé, de bon matin, de me faire accompagner aux *cascades* de Tivoli.

C'est en effet ce que l'on doit le plus admirer en cette ville; je donnerais toutes les autres
antiquités qu'on y voit pour la moitié d'une seule
des cascades, voire même de la *cascade neuve*
de Grégoire XVI.

Il y a deux systèmes de cascades provenant,
comme nous l'avons dit précédemment, de la
chute de l'*Anio,* qui tombe dans la plaine, des
hauteurs de Tivoli. Ce sont les grandes et les
petites cascades.

Les grandes cascades comprennent la nouvelle et la vieille cascade : la première des deux
est bien plus importante que la seconde, qui
n'en est pour ainsi dire qu'un *suintement.*

Malgré la forme géométrique qu'on a donnée
à la nouvelle cascade, c'est encore un beau
spectacle que cette masse d'eau qui tombe d'un
seul jet avec un bruit formidable d'une hauteur

d'environ 100 pieds, dans un gouffre où bouillonnent ses flots agités qui rejaillissent en tout sens en flocons d'écume.

La nouvelle cascade en produit donc une seconde bien moins importante, qui n'est qu'un reste de la vieille cascade, et se précipite avec fracas dans *la grotte de la Sybille*.

C'est affreux à voir que ce soupirail qui paraît aboutir aux entrailles de la terre, et l'on conçoit l'effroi que devait inspirer aux crédules habitants du pays environnant, cette sybille, qui avait choisi de pareils lieux pour sanctuaire.

Autour de la grotte en question, on a pratiqué des allées assez bien entretenues, qui permettent aux touristes étrangers de venir admirer cette merveille de la nature. Des jardins ont été plantés aussi sur l'ancien emplacement du lit de la cascade primitive : dans ces jardins on voit la grotte dont nous parlons, puis *un temple de Vesta* et quelques restes païens que nous passerons sous silence.

On prétend qu'à la demande de certains voyageurs, on illumine la grotte et les alentours, et que le soir cette illumination ajoute aux bruits déjà si imposants qui sont, comme la grande voix des cascades, une poésie et une majesté qui rend ce séjour à la fois terrible et grandiose. On se croirait à l'entrée des *enfers ;* et les naturels du pays disent qu'il faudrait avoir l'âme bien puissamment trempée pour supporter avec calme, à minuit, le voisinage de *la grotte de la Sybille.*

Figure-toi d'énormes rochers creusés par les eaux, en forme de gueule béante qui dévore la vieille cascade et semble pousser un effroyable mugissement. Il y a des siècles que ces roches sont minées par l'onde en courroux, et cependant elles restent toujours là inébranlables, impassibles, devant la fureur de leur ennemie.

C'est un spectacle que je renonce à te dépeindre, mais il m'a vivement impressionné. Je comprends qu'Horace se soit bâti une demeure près de ces lieux sans pareils, en vue de ces magnifiques cascades; je comprends même qu'un si beau phénomène de la nature ait suffi à développer le génie du poëte-philosophe. Qui donc aurait pu vivre près de ces merveilles avec un esprit étroit et une âme indifférente? La majesté de la nature contribue, plus qu'on ne le pense, à fomenter en nous le sentiment de notre propre grandeur. En effet, plus notre royaume est beau, et plus nous élevons haut la tête et la pensée! Ne sommes-nous pas, après tout, *les rois de la nature!* rois bien déchus, il est vrai; mais nous avons conservé toutes les aspirations et tout l'orgueil de notre sublime origine.

Quand l'Anio a passé par la grotte de la Sybille et par le tunnel de la cascade neuve, il continue son cours torrentiel vers le bas de la ville, et va joindre la campagne environnante, par mille petites cascades dont l'ensemble forme le tableau le plus attrayant qu'il soit possible de voir ; c'est ce que nous avons appelé précédemment les *cascatelles*. Ce nom indique le peu d'importance de ce second système de cascades.

Pourtant, nous le répétons, au point de vue artistique, ce sont encore les *cascatelles* qui méritent le plus d'attirer les regards des paysagistes. La science n'a point porté là sa main hardie et brutale. On y surprend la nature sur le fait. C'est moins grandiose que les grandes cascades, mais c'est plus coquet et plus naturel.

Le temple de Vesta est une ruine qui domine les grandes cascades et la grotte de la Sybille ; Il est assez bien conservé et consiste en une *rotonde coupolée*, entourée d'une colonnade d'ordre corinthien ou dorique (je ne saurais trop décider la question), et a cette forme circulaire de tous les temples de Vesta. Ce dernier rappelle assez celui de Rome, situé près de San-Batista-decollato.

Enfin j'ai terminé mon excursion de touriste enthousiaste, en portant mes pas jusqu'à la maison d'Horace, qu'on aperçoit au loin sur l'autre versant de la vallée de l'Anio.

Il en reste fort peu de chose ; mais ce ne sont point ces fragments de pierre antique qui ont frappé mon attention. Les monuments humains tombent vite en poussière, et il suffit de quelques siècles pour qu'on voie disparaître jusqu'aux derniers vestiges des plus grandes cités, tandis que la nature, impassible au milieu de cet arrêt de mort dont sont impitoyablement frappés l'homme et ses œuvres, la nature ne change et ne vieillit jamais : ses merveilles d'au-

trefois sont encore les merveilles d'aujourd'hui,
le temps n'a point de prise sur elles.

Eh bien, ce que j'ai le plus admiré dans la
maison d'Horace, c'est l heureux choix que l'on
fit du lieu où elle fut jadis élevée. De là, on
domine toute la vallée de l'Anio, les cascades,
dont on entend sans cesse les terribles mugisse-
ments, et Tivoli, qui couronne les collines situées près de l'autre rive de l'Anio.

Voilà, cher Paul, ce que j'ai vu à Tivoli ; ne
m'en demande pas davantage, car alors, pour
répondre à tes exigences, je me verrais obligé
d'entonner la trompette épique, et tu sais que
j'ai renoncé aux vers et à tout ce qui sent la
poésie : mes premiers essais m'ont trop mal
réussi. Me faudra-t-il renoncer même à mes
inoffensives réflexions philosophiques? Je ne sais,.
l'avenir me le dira, et ce sacrifice ne me coûtera
aucun effort, le jour où je serai convaincu de
mon impuissance. L'homme a été jeté dans ce

monde avec sa destinée écrite dans le cœur; souvent nous nous trompons sur le but que nous trace la nature, dont nous sommes les enfants. Tel se croit un poëte distingué qui serait capable de gérer les affaires publiques et ne sait faire que de méchants vers; tel s'imagine être un *embryon* d'homme d'État, qui ferait un bon gros fermier de la Beauce; tel use son temps et son cerveau à fabriquer de longs discours qu'il croit pleins d'éloquence, et qui font ronfler ses auditeurs, qui serait beaucoup mieux derrière un bureau d'affaires qu'à la tribune; tel se croit appelé à régénérer le monde, en l'inondant de ses romans plus ou moins philosophiques, qui ferait mieux aussi d'employer le temps qu'il lui reste à vivre à rassembler ses trop nombreux enfants littéraires pour les mettre sous clef et les y laisser.

Que dirai-je de plus? mes plaintes apprendront-elles aux hommes à mieux profiter de la vieille inscription grecque : « γνῶτι σεαυτὸν »!

Moi-même, suis-je à l'abri de cette erreur commune à toute notre espèce?

Fuyons donc Tivoli, puisque ce séjour aimé d'Horace nous inspire des doutes que nous ne savons comment combattre.

Adieu Tivoli ! adieu encore une fois, magnifiques cascades et montagnes à la cime blanche ! adieu ! je vous jette un dernier regard d'admiration avant que vous ne disparaissiez derrière le nuage de poussière dont M. *Frisé* m'enveloppe, sans doute par une maladroite imitation du coursier ailé de Persée. J'ai dit *sans doute*, et pourquoi pas? *Frisé* a vu les cascades, le lac sulfureux, le mont *Génaro*, Tivoli !

Pourquoi toutes ces merveilles n'auraient-elles pas impressionné *Frisé?* Si je te disais que *Truffard* les a regardées d'un œil indifférent, me croirais-tu? Et pourtant c'est la vérité. Laquelle de ces deux choses est la plus incroyable? Quoi qu'il en soit, le nuage de poussière m'a suivi jusqu'à Rome, où je suis rentré à mon logement de la *via del Corso*, après avoir laissé mon bucéphale à sa fameuse pension de la *Passeggiata del Fiume.*

Il a fait froid ces jours-ci; la *tramontana* a soufflé; cependant la température s'est promptement adoucie; je m'en suis félicité, car je commençais à trouver que le *brasero* italien, très-poétique d'ailleurs, ne vaut pas nos prosaïques cheminées du Nord.

Le *brasero* n'est autre chose qu'une espèce de cuvette en cuivre, suspendue par un rebord circulaire de même métal à un trépied en bois carré ou rond, suivant le goût de l'acheteur. On met dans le brasero de la braise de boulanger, et souvent même du charbon de bois ordinaire que l'on allume et qu'on laisse à la porte de la maison ou de l'appartement jusqu'à complète incandescence ; puis on place au-dessus du brasero une grille en fil de fer ayant la forme d'une cloche, et les amateurs, s'approchant de ladite grille, se penchent au-dessus, une jambe d'un côté de la grille et l'autre jambe de l'autre. Le brasero est un *calorifère* bien inoffensif, quand on a eu soin de le préparer convenablement ; dans le cas contraire, il y a danger d'asphyxie.

J'étais donc à cheval sur mon *brasero*, lorsqu'il me vint l'idée de substituer, à sa chaleur douteuse, celle autrement efficace du soleil ; je m'acheminai vers la place d'Espagne, puis je me trouvai bientôt à la place Trajane ; j'entrai alors dans une église voisine de cette place. Une grande affluence s'y faisait remarquer ; je ne pouvais comprendre qu'il y eût quelque fête religieuse pendant l'avent (car nous sommes à cette époque de l'année chrétienne), mais je vis bientôt qu'il s'agissait, non pas d'une cérémonie, mais d'un sermon.

Entendre un sermon en italien, était pour

moi et une affaire d'édification et une étude de philologie; j'allai donc grossir la foule des fidèles.

J'avoue à ma honte que je m'en suis repenti.

En effet, le prédicateur faisait de tels gestes, lançait dans l'air de tels cris, s'agitait tellement sur une espèce de plancher vaste et élevé qui lui servait de tribune et où il se promenait en tous sens, allant et venant avec une précipitation nullement en rapport avec la sainteté du lieu et la gravité de la circonstance, que je partis assez peu émerveillé de la façon dont on prêchait l'avent à Rome.

Je me hâte de dire qu'un sermon entendu au Gèsu, à Saint-Louis-des-Français ou à Saint-Pierre de Rome, ne m'eût point laissé une aussi désagréable impression.

Il est possible que la sévérité de mon jugement naisse de préjugés inhérents à ma qualité d'étranger. Voici pourtant un spectacle dont j'ai été témoin, qui ressemble assez au précédent, et cependant a produit sur mon esprit un effet tout différent.

Je passais un jour dans une petite rue située près de la place *Monte-Citorio*, et quel fut mon étonnement de voir un ecclésiastique monté sur une borne et prêchant en plein vent, entouré d'un auditoire que grossissaient les passants au fur et à mesure. Le sermon dura plus d'une heure, et malgré le singulier choix que l'orateur sacré avait fait, pour tribune, de cette borne d'où il dominait la foule des fidèles, je t'assure, mon cher Paul, que prédicateur et auditeurs, tout le monde m'a fait l'effet de prendre fort au sérieux cette singulière cérémonie. Eh bien, cette fois, je ne me suis point éloigné sous une impression fâcheuse. Cette manière de prêcher, qui, certes, ne serait pas dans nos mœurs françaises, ne m'a point déplu, et dans cet

usage, j'ai trouvé une pensée qui fait l'éloge
des Romains; car il faut que ce peuple ait conservé une foi bien profonde pour que ces scènes
de famille puissent se passer en pleine rue, sans
qu'elles donnent lieu à aucun scandale. Il n'en
serait point ainsi chez nous.

Est-ce à dire que les Romains soient plus
chrétiens que nous? je ne le crois pas; mais
pourtant on ne trouverait point à Rome autant
de *voltairiens*, d'*impies*, de gens *irréligieux*,
de *sceptiques*, qu'on en rencontre en France.
Peut-être y a-t-il à Rome des gens capables
d'assassiner depuis le bourgeois le plus obscur
jusqu'aux têtes les plus vénérables de l'épisco-
pat romain; je doute qu'il y en ait qui osassent
insulter une madone dans une procession.

Étant bien jeune, je me rappelle avoir vu, près
de Vendôme, en France, un pauvre diable qui
devait inspirer plus de pitié que de crainte, et
qui n'avait d'autre illustration que celle, bien

triste, de passer pour être dans le pays l'adversaire le plus acharné des gens et des choses d'église.

C'était en 1843 ou 1844, j'assistais à un pèlerinage que le clergé de Vendôme faisait en grande pompe à *Villethiou* : on promenait la *Madone* de l'endroit; c'est une statue qui passe pour miraculeuse dans toute la contrée. Sur la route de la chapelle de *Villethiou* il y avait un cabaret. L'homme en question en sortit et jeta du sable et des pierres à l'image vénérée; la procession se hâta de regagner le sanctuaire. Je ne sais ce que l'on fit à ce *misérable ;* on l'aura peut-être condamné à 50 francs d'amende; mais ce que je crois savoir, c'est que dans tous les États pontificaux on ne trouverait pas un seul homme qui osât penser à un pareil sacrilége.

Je te répète que ce fait ne prouve point qu'on soit ici plus chrétien qu'en France. Nos lois et nos mœurs sont certainement plus conformes à l'esprit *égalitaire* et *libéral* de l'évangile que les lois et les mœurs romaines; seulement l'irréligion et l'impiété ont fait chez nous de grands ravages nés peut-être de l'abus des choses saintes qu'on a mises au service des intérêts mondains : qui sait ce que l'avenir réserve aux États romains ? Dieu seul !

La foi du peuple romain est moins *raisonnée* que la nôtre, aussi elle est plus solide. Quand ce peuple aura appris à raisonner sa foi comme on le fait chez nous, respectera-t-il plus que nous ne l'avons fait ce catholicisme qu'il a conservé aussi intact aujourd'hui qu'à l'époque la plus florissante de la domination papale ?

Espérons que si les formes du christianisme sont attaquées par des mains révolutionnaires, au moins il nous reste le fond de cette divine doctrine. Ce qui doit nous faire croire que l'esprit du christianisme survivrait au naufrage de ses institutions, c'est cet hommage involontaire et spontané qui lui a été rendu par la révolution, hommage qui poussa cette dernière à puiser dans l'évangile les principes dont elle avait besoin pour les écrire sur son drapeau, où l'on ne voyait que du sang.

L'inscription de 1848 « liberté, égalité, fraternité, » était banale pour bien des gens; pour le philosophe chrétien, c'était le cri d'impuissance de la révolution cherchant un abri derrière l'évangile.

Mais je m'aperçois, cher Paul, que mon humeur philosophique m'emporte trop loin. Dieu merci, le christianisme n'est pas en danger pour le moment. Le prince qui a su arrêter par les puissantes digues de sa sagesse et de son génie le torrent révolutionnaire, a été aussi le plus ferme appui de l'église en péril; élu du peuple, élu de Dieu, sa voix a fait taire nos discordes civiles; la révolution a été vaincue et ses soldats dispersés ; Dieu les a punis, parce qu'ils ont menti à l'humanité en arborant le drapeau sacré de cet évangile qui n'était point dans leur cœur. *amen* !

Adieu, cher Paul, adieu ! Si je ne mettais au repos ma plume et ma pensée, je t'enverrais une brochure politique, et telle n'est pas mon intention. Mais ne me gronde pas, car, dans la question que je viens d'examiner, il y a un monde de considérations philosophiques et sociales.

Ton ami

ARTHUR.

VINGT-TROISIÈME LETTRE.

La foi à Rome. — La sainte de contrebande. — Comparaison entre les voltairiens français et les dévots romains. — Pensée sur la papauté. — Noël ou gle Pasque natale. — La Befana. — La ménagerie de sora X. — L'éloquence de Truffard. — L'inauguration du gaz remise. — Le jeu de cartes sette e mezzo. — Les piferari.

Rome, ce 15 janvier 1856.

Mon cher Paul,

Dans ma dernière lettre je t'ai fait part de quelques réflexions miennes au sujet de ce que j'appelais la *foi romaine.* Je crains de m'être laissé influencer par ce prédicateur *en plein vent* dont j'avais fait la rencontre, et peut-être me suis-je montré bien sévère pour nos catholiques de France et bien indulgent pour ceux d'ici !

J'ai dit que les Romains avaient conservé la foi extérieure qui nous manque, qu'ils respectaient encore les formes surannées du catholicisme dont nous faisons, nous autres, trop peu de cas ; mais j'ai oublié de faire remarquer que le gouvernement romain n'étant autre chose qu'un gouvernement ecclésiastique, il est bien possible que ce que j'ai pris à Rome pour un saint respect envers le paradis et ses divins hôtes, ne soit autre chose qu'une crainte moins sainte, mais plus réelle, de madame la Police.

Dieu me garde de juger de pareilles questions ! Je ne fais que soupçonner peut-être un mal qui ronge déjà les racines de la société romaine ; mais j'ai bien peur que s'il arrivait ici quelque 93 imité du nôtre, l'imitation ne soit encore plus chargée de sang que l'original.

Je sais qu'on nous traite d'impies, nous autres Français; je souhaite que cette piété apparente qui m'a frappé partout à Rome, soit aussi agréable à Dieu que les élans religieux de notre *légèreté française*.

Si j'osais dire tout ce que je sais des intrigues dont Rome est le théâtre, je justifierais peut-être près de plus d'un de mes lecteurs le proverbe italien :

> *Roma veduta,*
> *Fede perduta.*

Mais je n'ai point de haine dans le cœur contre un clergé et des chrétiens que je crois plus à plaindre qu'à blâmer. Il y a ici, à côté de beaucoup de charlatans, un grand nombre de personnes aussi recommandables par leurs vertus que par la sincérité de leur foi. L'usage du pouvoir a corrompu bien des *lévites* aux pieds des autels; mais n'en est-il pas toujours ainsi ? N. S. Jésus-Christ l'avait bien deviné, quand il s'écriait que « *son royaume n'était pas de ce monde.* » Mais qui pourrait ne pas admirer et vénérer le saint pontife qui porte sur sa tête auguste le fardeau écrasant de la tiare romaine ?

Pie IX n'est pourtant pas la seule personne digne de fixer les regards du Dieu miséricordieux. On voit ici des cardinaux, des évêques, et jusqu'à des moines, dont l'austérité et les mérites feraient incliner avec respect les têtes les plus incrédules.

Mais, malheureusement, il sera difficile de séparer le bon grain de l'ivraie; et sans doute, comme toujours, les innocents seront châtiés pour des crimes commis par d'autres.

Il y a ici des abus déplorables en matière de

religion ; on y fait parfois une spéculation des choses sacrées, qui révolterait le cœur le plus indifférent.

Je connais une vieille princesse qui, certes, a tout ce qu'il faut pour gagner le ciel en odeur de sainteté. Cette pauvre dame, qui ne pense guère à une terre qu'elle ne regarde que comme un lieu d'exil, est ici depuis des années la proie d'une foule d'intrigants mâles et femelles, ecclésiastiques et laïcs, qui ne sont occupés qu'à lui rendre le *grand voyage* plus facile, en la débarrassant du peu de fortune qui lui soit restée de ses aumônes aussi bien intentionnées que mal placées.

Un jour, la bonne princesse hébergea chez elle une jeune fille qui se prétendait en commucation directe avec le ciel. Pour donner un air de vérité à son imposture, la jeune fille avait imaginé de faire saigner, au moyen de couleurs préparées de sa main, une image qu'elle montrait ensuite à la trop sainte dame. Cette dernière parvint enfin à découvrir la fraude et chassa la *sainte de contrebande*. Elle fit bien; mais il est probable que cette leçon ne sera pas plus profitable à la princesse qu'aux gens qui auraient envie par la suite d'imiter notre jeune aventurière.

En somme, sans vouloir juger les Romains par des faits particuliers qui ne doivent jamais servir à établir de règle générale, je crois que s'ils ont plus de respect que nous pour les choses saintes, respect poussé parfois jusqu'à la superstition, nous savons peut-être moins bien qu'eux chercher et trouver des *accommodements* avec le ciel.

En France on est impie sur la place publique, mais catholique dans son oratoire ou dans le sein de la famille; à Rome c'est l'inverse : tel se montre ultra-catholique au forum, qui mangera de la viande à la maison le vendredi, ou donnera sans remords à la Madone, gardienne de ses pénates, le spectacle quotidien des *scènes* les plus échevelées et les moins catholiques.

A Rome, on voit maintes gens s'approcher de la table sainte dans ces situations sociales dont la continuation constitue l'état permanent de péché mortel. A Paris, plus d'un *voltairien* reculerait devant un pareil acte. Je le répète, je crois que les Romains ont une foi plus solide que la nôtre; mais d'après ce que l'on vient de voir, il est facile de comprendre que beaucoup d'entre eux préfèrent à une impiété *périlleuse* une *dévotion* dont le joug est si léger.

Pourtant je manquerais à mes devoirs de touriste consciencieux, si je ne disais que, depuis quelques années, on remarque dans la population romaine, et même parmi les gens des campagnes, un esprit d'indifférence et d'irréligion qui ne fait que de trop rapides progrès.

Quelle est la cause de cette révolution morale, qui peut avoir des conséquences politiques et sociales d'une haute portée? Est-ce le contact fréquent des Italiens avec ces révolutionnaires de Français qui sont venus planter leur drapeau trois fois à Rome dans l'espace de cinquante ans? Est-ce la Providence qui, irritée des désordres dont Rome n'a donné que trop souvent au monde le triste spectacle, s'est retirée de la terre des martyrs, et a fait enlever par les anges le *candélabre d'or* de l'Église romaine?

Bien habile celui qui pourrait expliquer de pareilles choses; quant à nous, nous les constatons, et ce qui nous attriste profondément, c'est que l'ignorance que nous avons de la cause première du mal ne nous en cache point les terribles effets.

Serait-il vrai que la papauté eût fait son temps? En serions-nous réduits à voir cette papauté, si puissante au moyen âge, et qui dictait alors des lois au monde entier, chercher un abri incertain sur quelque terre lointaine ou accepter l'hospitalité et un palais des mains d'un fidèle et puissant allié? « *Dios dira* » (Dieu dira) selon l'expression espagnole, et d'avance on peut affirmer qu'il fera tout pour le mieux. Quant à nous, pauvre unité ballottée de vague en vague comme le brin d'herbe dans l'océan du monde, nous aimerions mieux encore savoir le pape installé à Paris, que d'apprendre qu'il irait porter ses pas fugitifs dans les déserts de la *Judée turque.*

Mais revenons à Rome, où, Dieu merci, le drapeau protecteur de la France couvre la papauté défaillante d'une égide qui ne lui fera jamais défaut à l'heure du danger.

Nous sommes en plein *Noël;* on appelle ici cette fête les Pâques de Noël, *gle pasque natale.*

Quand je dis nous sommes en plein Noël, je suis rigoureusement dans le vrai (1). En effet, Noël se fête à Rome avec autant de pompe que *gle pasque della Resurrezione*. Depuis le 25 décembre jusqu'après *les Rois*, ce sont des cérémonies toutes plus belles les unes que les autres, et des réjouissances publiques qui font de cette époque de l'année une série non interrompue de jours fériés.

On fait peu de cas à Rome de ce premier jour de l'an qui rend tant de gens heureux dans notre France; mais comme il est tout aussi bien de mode ici qu'ailleurs de faire des cadeaux et d'en recevoir, à la place des *étrennes* du jour de l'an, les Romains ont imaginé de mettre en vogue celles de Noël, puis douze jours après, celles de l'Epiphanie. Ce système a certainement du bon; bien des *bambini* le préféreront au précédent.

____

(1) Voyez la date de cette lettre.

A propos d'étrennes, celles du jour des Rois sont distribuées aux enfants par une dame fée qu'on appelle la *Befana*, qui se charge, pendant la nuit qui précède ce jour de joie, de remplir de bonbons et de joujoux un sac pendu à son intention, par les complaisants parents, dans la cheminée de la maison; et dès l'aube, *gli ragazzini* et *gle ragazzine* sont déjà sur pieds, tant les tourmente le désir de savoir ce que leur a envoyé la *Befana*. C'est ainsi que l'on occupe l'imagination des enfants à Rome, comme en France, comme partout, à l'aide de ces inventions ridicules, qui sont de bien petits moyens d'éducation, et ne contribuent pas peu à fausser le jugement de ces innocentes créatures dont on trompe à chaque instant la bonne foi, sous prétexte de les rendre plus dociles à nos enseignements.

Je m'élève ici fortement contre la sotte habitude de certaines gens qui se figurent acquérir un grand empire sur leurs enfants, parce qu'ils

leur auront fait peur à l'aide de *Croquemitaine,*
ou qu'ils auront alléché leur petite cupidité nais-
sante en leur nommant la Befana. Je trouve ce
genre d'éducation non-seulement absurde, mais,
qui plus est, immoral et contraire à l'esprit du
christianisme. Si vous voulez que vos fils soient
un jour des hommes consciencieux et droits,
ne leur laissez jamais soupçonner qu'il est pour
vous des accommodements avec la *vérité.* Il
vaut mille fois mieux tromper un homme que de
tromper un enfant. L'homme que vous trompez
vous juge le plus souvent avec indulgence, ou
vous n'êtes à ses yeux qu'un exemple de plus à
ajouter à la longue liste d'exemples de fourbe-
ries qu'il a pu observer durant sa vie; l'enfant
au contraire vous ôte toute sa confiance, vous
juge plus sévèrement que vous ne le méritez,
et conserve, du coup que son cœur candide a
reçu, une blessure que rien ne saurait guérir.

Pourtant, si la *Befana* me paraît une chose
aussi ridicule que surannée, je me soumets

sans murmurer à l'impôt des étrennes, et pour t'en donner une preuve, je suis allé porter chez mon ancienne propriétaire de la rue della Croce une superbe boîte de bonbons ; elle m'a très-bien reçu. C'est une femme fort aimable, et pourtant elle a la déplorable maladie de s'entourer de toute sorte d'animaux. Sa maison est une vraie ménagerie. On y voit un chat, trois chiennes, un perroquet, trois serins, etc..., etc...

Malgré sa *zoomanie*, elle a l'esprit cultivé et le meilleur ton. J'ai pu juger de la bonté de son cœur par le trait suivant.

Truffard a demeuré quelque temps chez elle. Je ne sais si c'est le voisinage de la ménagerie qui l'en a chassé ; c'est bien possible, car son appartement n'était séparé de celui de ladite dame que par une simple porte ! Quoi qu'il en soit, j'entendis un jour l'aimable Romaine accuser *Truffard* de brutalité. Qu'avait-il donc fait, ce pauvre *Truffard ?* Avait-il marché sur la patte du chien de *la sora Vicina*, ou avait-il, en fermant la porte dont nous avons déjà parlé, pris par la queue maître chat que la présence du locataire aurait fait revenir à toutes jambes d'une tournée clandestine et indiscrète? Non, *Truffard* n'était coupable d'aucune de toutes ces choses.

Il avait eu, un jour, dans l'escalier de la maison un dialogue assez animé avec son cocher, auquel il aurait, dit la dame romaine, expliqué ses griefs par un mouvement de jambe et de pied si *démonstratif* que le pauvre cocher, confondu et pris d'un vertige soudain, n'avait fait qu'un bond jusqu'à la porte de la rue.

Pour ce motif, *Sora X* traitait *Truffard* de brutal. Sans doute la jambe de *Truffard* peut avoir une éloquence qui lui est propre; on a vu dans l'antiquité des choses plus étonnantes encore, sans parler de ces roseaux qui répétaient à qui voulait l'entendre : « *Midas, le roi Midas a des oreilles d'âne!* » Virgile nous raconte que tout l'Olympe tremblait quand Jupiter fronçait son divin sourcil. *Truffard* n'est pas encore un dieu, ni même un demi-dieu, que je sache! c'est ce qui expliquera peut-être l'indignation de *Sora X* à la vue de cette jambe mise en mouvement d'une façon aussi inattendue que cavalière.

Pourtant l'explication précédente ne me suffisant pas, je suis tenté de croire que *Truffard*, moins disposé que moi à suivre les usages étrangers, aura, par esprit de nationalité, oublié de faire offrir par la *Befana* des compliments de bonnes Pâques à *Sora X.*.

A propos de Noël, nous avons eu ces jours derniers de touchantes cérémonies dans les églises de Rome. Le saint-père a officié le 25 décembre à Sainte-Marie-Majeure. Toute la pompe du culte catholique a été déployée en cette circonstance, et on avait même songé à célébrer ce beau jour par l'innovation industrielle de l'éclairage des rues de Rome par le gaz. L'ordre était déjà donné d'allumer les becs, au moment du passage de Pie IX par la ville; mais le public a été déçu de ce côté dans ses espérances, on s'en est tenu aux antiques quinquets à huile. Sera-t-il arrivé quelque accident imprévu? a-t-on craint quelque explosion? Chacun se perd dans le labyrinthe des conjectures que l'on fait en pareil cas, et personne n'a su le véritable motif d'un retard qui a fait supprimer la plus belle partie du programme de la fête. On a donc remis à plus tard l'inauguration du gaz. Mes yeux verront-ils cette nouveauté? je n'oserais l'affirmer; ici, on ne va jamais qu'à pas de tortue; si encore on arrivait au but, comme *dans la Fontaine!*

Ce contre-temps m'ayant mis de mauvaise humeur, je rentrai de bonne heure chez moi, où je trouvai mes propriétaires occupés à fêter le saint jour de Noël par une partie de cartes fort animée. Ici il est défendu de travailler les jours fériés, mais, en revanche, on peut jouer tout à son aise, et les Romains ne s'en privent pas. Ce n'est point un reproche que j'adresse à mes hôtes. Les braves gens n'exposaient pas de grosses sommes aux caprices du hasard. Leur jeu consistait en une espèce de *nain jaune,* qu'on appelle ici le *sette è mezzo.* Il est ainsi nommé, parce que celui qui a dans son jeu un sept et une figure (ce qui fait sept et demi, attendu que les figures valent indifféremment à ce jeu un demi ou dix), fait *capo* tous ses *cojoueurs.* Je n'ai pas l'intention de te donner, mon cher Paul, une théorie du *sette è mezzo,* mais je ne te cache pas que ce jeu m'a plus d'une fois fait passer un bon moment.

Les cartes italiennes ne ressemblent point aux nôtres, ou plutôt à celles que l'on vend chez nous dans les bureaux de tabac.

Ce sont des cartes imagées et ayant chacune un nom et une signification symbolique qui doi-

vent faire les délices des tireuses de cartes romaines. Ce jeu se rapproche plus du *tarot* que
le jeu français. Mais je m'aperçois que j'empiète
sur le domaine des magiciens modernes, je te
renvoie aux écrits qu'ils ont lancés de par le
monde sur cette matière, avec plus de bonne
volonté sans doute que de bon sens.

Au moment où, laissant le *sept et demi*, je ren-
trais dans mon appartement et me disposais à
imiter *les justes*, qui ont la réputation de si bien
dormir, je fus attiré à ma fenêtre par un concert dont je me serais volontiers passé. Il m'était
donné par une bande de montagnards italiens
armés de *fifres* et de je ne sais quelle sorte
d'instruments venus en droite ligne de l'enfer,
sans doute avec la pensée qui poussait ceux qui
s'en servaient à fêter par une telle cacophonie
la naissance du Christ.

Je n'aurais jamais cru que des Italiens se
rendissent coupables d'un pareil crime de *lèse-*

musique. Si ce sont là les bergers de Virgile et leurs pipeaux, me disais-je, je n'aurai plus foi en ce grand poëte, qui m'a déjà trompé avec son Tibre aux blondes eaux !

Je ne pus résister au désir d'aller interroger mes hôtes au sujet de ce qui se passait sous mes fenêtres ; ceux-ci se mirent à rire de mon ignorance, et s'écrièrent que ces musiciens étaient des *piferari*, ainsi appelés du nom *pifaro*, de l'agréable instrument dont ils ne jouent que trop souvent [1].

Satisfait dès lors d'avoir augmenté de ce nom nouveau mon vocabulaire de touriste, je payai les *piferari* pour qu'ils voulussent bien aller chanter ailleurs *les mystères de la nativité.* Ils obéirent ; mais, pour mon malheur, ces *piferari*

---

[1] On a depuis quelque temps l'agrément de rencontrer dans les rues de l'aris des compagnies de ces poétiques musiciens. Le lecteur pourra juger, *proprio auriculo*, de la vérité de notre récit.　　　　　　　　　　　　　(*Note de l'Auteur*).

s'étaient divisés en nombreuses bandes, qui parcouraient, la nuit, les rues de Rome, dans l'intention sans doute de faciliter la *vigilia* des chrétiens de la ville sainte. L'idée ne pouvait être plus charitable : aussi me fallut-il acheter assez cher la faveur de ne pas faire la *vigilia.*

Je dormis fort tard cette nuit-là, cher Paul ; je rêvai *befana* et *piferari.* Il me sembla que la befana m'apportait une lettre de mon Paul ; que pouvait-elle m'offrir de plus agréable au cœur ? Puis je me surpris faisant un arrangement avec les *piferari* pour les envoyer, à trois heures du matin, sous les fenêtres de *Truffard.*

Eh bien, ce n'était qu'un rêve ! j'attends toujours ta lettre, et laisserai *Truffard* faire du lard tout à son aise ; car, décidément, on est toujours moins méchant de près que de loin.

Viens à Rome, cher Paul, afin que je mette

mon axiome à l'épreuve, j'aurai ainsi le double avantage de satisfaire à la fois mon esprit et mon cœur.

Adieu !

Ton ami,

ARTHUR.

VINGT-QUATRIÈME LETTRE.

Le carnaval à Rome. — Le carabiniere Rossi. — Les femmes romaines. — Clôture des théâtres. — Le mausoleo d'Augusto. — La Santoni et la Ristori. — Parallèle entre la scène Italienne et la scène française. — Manière de saluer des Italiens. — Départ pour Loreto.

Rome, ce 5 mars 1854.

Le carnaval a eu lieu ces jours derniers à Rome, mon cher Paul; j'ai vu ce fameux carnaval dont la renommée est si grande, et je déclare que je ne serai pas un de ses détracteurs. Je crois déjà te l'avoir dit : personne ne sait faire de fêtes comme les Romains, personne! Est-ce un reste du proverbe latin : « *Panem et circenses.* » C'est possible !

Mais là n'est pas la question qui nous occupe.

Grâce à ma fenêtre donnant sur le Corso, j'ai pu voir tout à mon aise le carnaval; mon propriétaire voulait bien m'imposer des co-spectateurs, prétendant qu'il se réservait toujours, dans les loyers de ses appartements du Corso, le droit de disposer des balcons en vue de cette rue; mais j'ai été sourd à de pareilles raisons, et je lui donnai à entendre que je le quitterais à l'instant s'il persistait dans sa malencontreuse résolution. Il a préféré me garder chez lui. J'ai donc joui à ma guise de mes deux balcons; mais pour te prouver que ma résistance contre les empiétements du *patrone di casa* était plutôt affaire de principe que d'égoïsme, j'invitai une charmante femme et un monsieur fort aimable à partager pendant ces jours de carnaval mes droits conquis presque à la pointe de l'épée.

Le carnaval de Rome dure huit jours, ni plus ni moins. Il finit le mardi gras au soir, et s'interrompt le vendredi qui précède le dimanche gras.

Au surplus, le carnaval ne prend que quatre heures du jour, à partir de midi. Quand l'heure finale a sonné, le canon, de sa grosse voix, engage messieurs les masques à retourner chez eux, et mesdames les voitures à vouloir bien se disperser chacune dans sa direction particulière.

A midi, on annonce le commencement des divertissements par le même moyen que j'ai dit; alors le Corso, où se passe plus particulièrement le carnaval (on pourrait même dire uniquement, si les rues de *Ripetta* et de *Babuino* ne partageaient aussi cet honneur, en tenant lieu de *coulisses* à ce théâtre en plein vent dont la scène est le Corso), le Corso donc s'emplit de calèches découvertes, qui se rangent les unes derrière les autres et forment, comme les fils d'une pile voltaïque, deux courants parallèles qui se rejoignent à la place du Peuple et à la place de Venise. Un espace bien petit reste entre les voitures pour permettre la circulation aux piétons, et surtout aux *carabinieri* et aux *dragoni* pontificaux, qui se chargent seuls de la police de ces jours de fête, attendu que la France prête bien ses soldats pour combattre l'anarchie et les ennemis de ses alliés, mais jamais pour qu'on joue avec eux à la mascarade!

Je ne prétends pas dire là qu'on a tort de surveiller les divertissements du carnaval. Au contraire, je te raconterai dans cette lettre un trait qui te prouvera que l'on pourrait encore mieux faire la police du carnaval qu'on ne la fait.

Que font ces voitures qui circulent dans le

Corso et les gens qui sont dedans ? D'abord ils regardent les délicieuses figures des Romaines, qui, vêtues pour la plupart de costumes de paysannes des environs de Rome, font galerie sur chaque trottoir ou occupent des gradins construits en amphithéâtre le long de la rue et dans les devantures des boutiques.

Ce n'est pas un spectacle à dédaigner que de repasser dix ou vingt fois devant la même beauté, parée de ses plus séduisants atours, et rendue plus gracieuse encore par cet air de folle joie que savent prendre les Romaines pendant toute la durée du carnaval. On a soin d'avoir dans sa voiture des bouquets (*mazzi di fiori*) que l'on envoie par la brusque ligne droite, mais le plus gentiment que l'on peut, à la femme dont on veut attirer l'attention.

Souvent vos avances restent sans résultat ; le plus ordinairement on y répond, et alors vous recevez en échange de votre *mazzo* un autre

du même genre, qui vous arrive par la même
voie de l'air qu'a prise le vôtre, et qui parfois
est d'un grand prix à vos yeux. Voilà, je
pense, un divertissement qui ne laisse pas que
d'être très-poétique; je crois que cela vaut bien
nos sottes troupes de masques *avinés* ou *enca-
naillés* que l'on rencontre chez nous, au carnaval, à chaque coin de rue. Voilà la partie ga-
lante du carnaval; il ne faut pas la dédaigner;
souvent plus d'un cœur moins vigilant qu'à l'ordinaire, en ces jours de laisser-aller public, se
voit pris à l'innocent hameçon du *mazzo di fiori*;
souvent bien des passions de longue durée naissent de ce contact désordonné de tant de gens
qui ne semblent plus vivre que pour le plaisir.

Maintenant on n'a pas que des galanteries à
faire en carnaval; comme en tout autre temps,
il faut songer à la *malice*, à la méchanceté. C'est
pourquoi on met dans sa voiture, à côté des
mazzi di fiori, dont on a de plusieurs grandeurs
et de plusieurs prix, des paniers de *confetti*,
également de différentes dimensions.

Les *confetti* sont tout simplement de petites graines de la grosseur de notre plomb ordinaire de chasse que l'on roule dans de la farine, de façon qu'en jetant ces graines à la face de quelqu'un, il en résulte une tache blanchâtre qui vous transforme bientôt vos adversaires et vous en véritables meuniers. Les *confetti* peuvent parfois blesser votre vue, quand vous les recevez dans les yeux; aussi faut-il se munir d'un masque plus fin que ceux des salles d'armes, destiné à amortir la décharge de confetti qu'on n'a pu éviter.

Quand par hasard, auprès d'une jolie femme qui a fixé vos regards, vous apercevez un *fâcheux*, vous avez un moyen bien simple de vous venger de la rivalité qu'il représente sans le savoir. En-farinez-le de cette façon, vous obtiendrez parfois un bouquet de sa voisine, que sa mésaventure fera bien rire, et vous aurez lancé à votre ennemi une flèche bien dangereuse, celle du ridicule.

Tous ces détails, qui paraîtront puérils aux voyageurs, habitants du nord de l'Europe, à ces buveurs d'eau-de-vie et de bière, peu habitués aux délicatesses de la pensée méridionale, sont pourtant nécessaires à connaître, pour apprécier complétement les plaisirs du carnaval de Rome.

La meilleure preuve que je puisse donner que ces mille riens sont ce qui attache le plus les Romains à ces fêtes où ils donnent le spectacle d'une joie si franche, si complète, mais si *comme il faut*, c'est que nos soldats français, peu habitués à ces sortes de divertissements et peu initiés aux petites intrigues de Rome qui leur donnent du piquant, sont venus pendant une journée jeter du désordre au milieu de la fête; ce désordre, bien innocent sans doute, n'en était pas moins une perturbation dans l'esprit du carnaval. En effet, nos braves fantassins, au lieu d'acheter de petits bouquets et de les lancer délicatement à de jolies femmes choisies par eux, depuis la princesse à son balcon jusqu'à

la *ragazzina* du trottoir, ramassaient les *mazzi*
déjà tombés dans la rue ou qui y tombaient, et
en faisant de gros paquets, ils jetaient le tout
vers les premières têtes venues , absolument
comme les collégiens se lancent entre eux des
boules de neige pendant l'hiver. Ces façons
plus guerrières que romaines effarouchèrent les
amateurs du carnaval : on porta plainte au
général en chef de l'armée d'occupation, et il
fut enjoint à nos troupes d'avoir à se confor-
mer aux usages romains ou de ne point se mêler à des fêtes dont ils ne comprenaient pas
l'esprit. Dès ce jour, on en vit beaucoup moins
dans le Corso.

A cinq heures, quand le canon et les caisses
d'artifice des *piazzette* environnantes du Corso
ont annoncé la fin du carnaval, on fait passer
des troupes de ligne dans toute la longueur
de cette rue, afin de la faire évacuer par les
piétons , après toutefois qu'on a laissé aux
voitures le temps de disparaître dans les rues
adjacentes.

Puis, lorsque les soldats ont formé deux haies de baïonnettes de chaque côté de la rue, on lance de la place du Peuple six ou sept chevaux libres (*gli barberi*), que l'on a soin d'habiller de façon que leur émulation soit excitée par le bruit de clochettes pendues à leurs cols, et aussi par le frôlement et froissement de banderolles de papier dont leur corps est couvert. Ces animaux, sans en avoir nulle conscience, et subissant tout simplement l'influence de la peur qui leur donne des jambes, se disputent le prix de vitesse depuis le point de départ jusqu'à la place de Venise, où des hommes placés avec de grands draps blancs parviennent à les arrêter.

Le premier arrivé est proclamé vainqueur, et le croirais-tu, mon cher? malgré l'absence de cavaliers, on attache une certaine importance à ces prix gagnés d'une façon si peu intelligente.

Quand la course en question est terminée,

chacun se retire chez soi pour y attendre le carnaval du lendemain ; le peuple va dans les *trattorie*, dans les *tavernes*, où il s'emplit à l'envi de *macaroni*, de viande et de vin. Quelquefois il finit sa soirée par quelque tragédie. Au surplus, il n'est pas étonnant que dans des temps d'agitation comme ceux qu'on a traversés ici dans les dernières années, on ne voie encore quelques scènes de désordre se mêler aux réjouissances publiques, et quelques vengeances s'aller cacher sous le masque du carnaval, qui assure l'impunité au coupable. C'est ce qui est arrivé, en plein Corso, ces jours derniers. J'y fus témoin d'une vengeance fort regrettable, dans le genre de ce que je viens de dire. Une dame romaine reçut dans le bras un morceau de marbre qui le lui fracassa. Ce marbre avait été lancé de la rue par un inconnu ; il était enveloppé d'un *mazzo di fiori*.

Enfin le carnaval se termine par ce qu'on appelle les *muccoletti*. C'est une immense illumination, non pas de la ville, mais de tous les Romains, qui s'arment chacun d'un ou plusieurs petits cierges de cire allumés, et se promènent ainsi d'un bout à l'autre du Corso, ou restent à leur balcon à disputer leur *moccoletti* aux attaques des voisins qui veulent les éteindre, ou à jouer vis-à-vis de ces derniers le personnage de l'agression.

Il n'est systèmes d'échafaudages, de ficelles, de cordages, de longues perches que l'on n'invente pour gagner du terrain sur ceux dont on s'est proposé de souffler les *moccoletti*.

Pour moi, tout le carnaval de Rome consiste dans le jeu des *confetti* et des *mazzi di fiori*, et enfin dans la bataille des *moccoletti*. Ces divertissements sont certainement empreints d'une naïveté bien puérile pour des hommes d'un certain âge; mais les gens qui se trouvent trop *barbons* pour s'y mêler, n'ont qu'à les prendre par le côté galant que je leur ai enseigné précédemment, et alors les plus grandes frivolités leur paraîtront de hautes combinaisons et des plaisirs dignes en tous points de l'âge mûr. En effet, l'homme le plus sérieux ne devient-il pas un *bambino* et même un *bambinetto*, sitôt qu'il subit cette influence mystérieuse de la femme, qui, du milieu de sa faiblesse et de sa nullité sociale, gouvernerait le monde si elle voulait bien s'en donner la peine.

Les *moccoletti* commencent avec la nuit et finissent à minuit, avec le carnaval. Rien n'est plus beau alors que de voir cette rue droite du Corso, éclairée dans toute sa longueur de mille feux qui scintillent, se meuvent en tout sens, montent, redescendent, vont et reviennent, ressemblant à ces mouches de feu que l'on rencontre souvent à Rome à l'heure de l'*Ave Maria*, et qui paraissent autant de feux follets sortis de terre (1).

____

(1) Les bonnes femmes de Rome croient voir dans ces lueurs, qui sont produites par ces espèces de vers luisants ailés, des âmes défuntes, perdues dans l'espace.   (*Note de l'Auteur.*)

Les voitures circulent encore cette fois sur deux files dans le Corso, et les gens qu'elles contiennent ne sont occupés qu'à défendre leurs *moccoletti* et leurs personnes contre les passants, qui poussent l'acharnement jusqu'à leur monter sur le dos, pour mieux éteindre leurs *moccoletti.* On n'entend partout que les cris de *moccolo! é morto il moccolo! moccoletti!* etc..., etc... C'est le plus curieux spectacle que puisse voir un étranger, et je regrette bien, cher Paul, que tu n'aies pas été à mes côtés pour en jouir avec moi.

Enfin, au dernier coup de canon, tout a cessé, tout est rentré dans le calme et dans l'obscurité de la nuit, et chacun a rejoint son logis, pour s'y préparer à recevoir les cendres de la pénitence le lendemain, premier jour de carême ! J'ai failli avoir une mauvaise affaire avec la police romaine et terminer mon carnaval dans les cachots pontificaux.

Tu sais comment je suis partisan du tapage des rues et combien mes convictions d'ordre sont profondes? Pourtant j'ai vu le moment où je passais pour un perturbateur de la paix publique.

Voici le fait. J'étais descendu dans la rue du Corso ; après avoir lutté à coups de *confetti* contre un gros monsieur qui s'obstinait à rester sous mes fenêtres, je vainquis mon adversaire, grâce à mes abondantes munitions, ce qui ne laisse pas que d'être une excellente cause de victoire ; et n'ayant plus d'ennemis à combattre, je m'élançai à travers les voitures vers la place de *Venise*, où je fus surpris par le fatal coup de canon de retraite. Les *barberi* allaient faire leur *steeple-chase* et je voulais en juger ; en conséquence, je me choisis une excellente place sur la première file de spectateurs qui bordait la rue. J'aurais vu à merveille, parce que j'étais près du but de la course ; mais un brigadier de *carabinieri*, dont je n'oublierai jamais le nom, il s'appelait *Rossi*, trouva, je ne sais pour quel motif, que je serais mieux derrière la foule que devant. Vu l'empire de la logique sur tout esprit tant soit peu sain, le raisonnement de **M.** *Rossi* me parut tortueux; et comme il n'y a rien de tel que de combattre les extrêmes par les opposés, je fis un détour pour corriger celui qu'on m'avait forcé à faire précédemment. Mais le brigadier, qui avait l'œil sur moi, se lança le sabre au poing au milieu de la masse des spectateurs ébaubis, et me retrouvant blotti derrière un *grenadier français*, sur la haute taille duquel je comptais un peu pour me dérober aux regards de mon inflexible gendarme, il me menaça de me frapper si je ne reprenais à l'instant le poste incommode et désagréable que j'occupais précédemment. Je répondis naturellement le mieux que je pus à ce traitement aussi injuste que brutal, par des plaintes qui me valurent de nouvelles injures, parmi lesquelles la plus supportable était le nom de « *birbone* » qui me fut adressé plusieurs fois par le farouche *Rossi*. Devant la force je m'inclinai, et, d'ailleurs, j'ai pour principe de ne jamais résister à l'autorité et à ses agents, même dans le cas d'injustice flagrante, car je suis convaincu que les inconvénients qui résulteraient du scandale que j'occasionnerais, seraient mille fois pires que les quelques désagréments que je pourrais devoir à une arrestation préventive, ou à l'abus de pouvoir, ou à l'ignorance d'un agent maladroit. Je gardai donc le silence, me privai de la course des *barberi*, et regagnai ma *casa*, que je regrettais beaucoup d'avoir quittée. Cependant la nuit m'ayant porté conseil, je me rendis le lendemain à la place militaire pour y déposer une plainte contre le brigadier *Rossi*, et je dois dire à l'honneur de l'autorité militaire française, que ma plainte fut si bien prise en considération par le capitaine délégué du conseil de guerre, que *Rossi* dut comparaître pour rendre compte de sa conduite. La chose n'alla pas loin; je l'eusse regretté moi-même; mais, si j'avais été Romain, peut-être eussé-je été l'objet de vexations continuelles de la part du *carabiniere* humilié de ma modération et des torts qu'il avait eus envers moi.

Ce qui m'a le plus amusé dans cette question,

où j'aurais pu éprouver plus d'ennuis que ceux
dont je me plains, ce fut le rapport que fit le
gendarme romain sur cette affaire. Il déna-
tura tellement les choses que, s'il avait osé, il
m'eût prêté les injures qui étaient tombées de
ses lèvres.

Heureusement, j'avais avec moi dans cette
circonstance un attaché d'ambassade qui put
rétablir la vérité des faits. D'ailleurs, le brigadier, qui l'accusait aussi de l'avoir regardé d'un
air de mépris (ce qui dans nos lois françaises ne
constitue pas même l'ombre d'une insulte, puisque alors il faudrait demander compte à chacun
des moindres mouvements de son visage), le
brigadier désignait mon compagnon sous le
nom assez original de l'*incognito nero;* apparemment à cause de son habit noir tout blanchi
par les *confetti.* Ce nom rentrait dans la logique du personnage.

Laissons là cet incident, que je n'ai placé

ici que pour te faire comprendre quelle différence on doit mettre entre nos institutions et celles qui régissent la ville éternelle, entre notre police et celle du Monte Citorio. Nous nous plaignons beaucoup, nous autres, quand quelques sergents de ville prévoyants et polis nous viennent prier de nous reculer de quelques pas de l'endroit où nous sommes, et nous ne pensons pas à la façon dont la police traite les Romains. J'ai vu souvent à Paris des agents de police pousser la complaisance jusqu'à se laisser dire des choses désagréables par des gens que vexaient les consignes qu'on exécutait en leur demandant de vouloir bien n'y pas mettre obstacle. Rossi nous accusait de l'avoir regardé en riant. Eh ! mon Dieu, si c'est un crime de rire au nez des gens, j'avoue qu'on devra m'arrêter aussi souvent que je rencontrerai de *Suisses* dans les rues de Rome : je ne puis voir ces costumes d'arlequin sans songer aux Funambules et à Pierrot.

Je termine ce qui regarde le carnaval, cher

Paul, en t'assurant que j'y ai vu des créatures vraiment dignes de figurer à côté des vierges de Raphaël. Le costume des femmes romaines se prête merveilleusement à ce magnétisme qu'elles exercent sur tous les gens qui les regardent. Pourtant, quand je vois ces *matrones* et ces beautés si resplendissantes de santé, je comprends que leur magnétisme s'adresse bien plus à mes sens qu'à mon cœur, bien plus à mon corps qu'à mon âme!

Heureux mille fois les yeux qui pourraient contempler souvent ces délicieuses figures que j'ai admirées de chaque côté du Corso pendant les heures du carnaval! Heureux ceux dont le cœur a trouvé un écho parmi cette foule de *houris* chrétiennes! Leur délicieux sourire, les doux regards de leurs beaux yeux m'ont fait aimer le carnaval de Rome: mais mon cœur s'est replié sur lui-même cette fois encore, sans avoir rencontré un cœur ami.

Si Pépa était venue mêler sa tristesse aux

joies de notre carnaval, j'aurais deux fois goûté
les délices de cette fête de famille; mais Pépa
n'abandonne jamais Grotta-Ferrata; c'est là
qu'elle s'affaissera dans la tombe que son incon-
solable douleur creuse chaque jour sous ses pas.

Les théâtres sont fermés à présent, et ne se
rouvriront que pour le jour de Pâques. J'en ai
joui pour la dernière fois le mardi gras. Je suis
allé à *Valle*. J'avais près de moi un Romain
habillé en femme, et qui se tenait gravement
assis tout seul dans un des fauteuils de l'orchestre. Faites donc de pareils enfantillages à
Paris? Autres pays, autres mœurs!

A propos de théâtre, il en est un que j'ai
passé sous silence, et qui mérite pourtant d'attirer l'attention du touriste : c'est le *mausoleo
d'Augusto*, appelé par le peuple *anfiteatro corea;*
j'aurais dû t'en parler plus tôt : je répare mon
oubli. Ce théâtre, où l'on joue des drames et
des comédies en vers et en prose, n'est ouvert

que pendant l'été. Il a la forme d'un cirque
romain, moins les bancs de pierre, qui sont rem-
placés par des chaises numérotées. Les spectateurs y sont assis en plein air, ce qui ne laisse
pas que d'avoir son agrément à l'époque de la
canicule ; mais on s'arrange de façon à ne lever
le rideau que vers les quatre heures du soir, de
sorte que l'on peut assister aux représentations
sans être trop incommodé des rayons du soleil.

Je me rappelle y avoir entendu déclamer une
tragédie en vers, intitulée *la Medea*, par une
actrice d'un grand talent, qu'on nomme *la Santoni*. Le sujet, le mérite de la tragédienne, la
valeur de la pièce, dont l'auteur est *il signore
Cesare della Valle, duca di Ventignano* : tout
ontribuait à rendre ce spectacle intéressant,
et tel il m'a paru.

La *Santoni* appartient à cette classe de tra-
gédiennes de renom assez nombreuse en Italie,
qui sont les dignes émules de la *Ristori*. Sans
vouloir déprécier cette dernière, je dois dire

qu'à Rome on lui reconnaît des rivales, et la *Santoni* est placée dans les rangs de cette opposition littéraire faite à la tragédienne favorite des Parisiens (1). Au surplus, le caractère national et le génie de la langue italienne se prêtent si merveilleusement au genre dramatique, que l'on doit se mettre en garde contre le sentiment qui nous porte, nous Français, à admirer des talents, sans doute incontestables, mais qui ont sur nos acteurs l'avantage de parler une langue beaucoup plus harmonieuse que la nôtre, une langue qui supporte la déclamation tragique à laquelle le français ne se prête que difficilement, et, en outre, un autre avantage non moins grand, tiré de la tendance de l'esprit italien, particulièrement enclin aux choses passionnées.

---

(1) La troupe de tragédiens italiens qui vient de remplacer à Paris celle de la *Ristori*, outre le fameux acteur *Salvini*, compte parmi ses membres une actrice qu'en Italie on apprécie à l'égal de la Ristori. Nous ne savons pourquoi on prive le public de ce nouveau talent; le garde-t-on pour une meilleure occasion?

(Note de l'Auteur.)

Il a fallu, en France, tout le talent de *Talma* et de Mlle *Rachel*, afin de ressusciter pour le public ces magnifiques tragédies du siècle de Louis XIV, qui sont une des plus grandes gloires de notre littérature, et que pourtant le parterre n'accueille qu'avec des rires ou des mouvements d'impatience lorsqu'elles nous sont rendues par des acteurs secondaires.

L'esprit français est si peu tragique, que nos auteurs craignent de tomber sous les coups du ridicule qui *tue* si bien chez nous les gens, depuis le dernier auteur jusqu'aux plus grands hommes d'État. Les plus haut placés ont abandonné la tragédie pour chercher un refuge derrière le *drame*, qui n'est en définitive qu'un *bâtard* de la tragédie antique.

En Italie, c'est tout le contraire qui se passe : plus un drame est noir, plus il se rapproche, dans ses péripéties, de la forme athlétique que les anciens donnaient à leurs tragédies, et meilleur est l'accueil qu'il reçoit du public.

A côté de la *Medea* dont j'ai parlé, qui est une tragédie s'il en fut jamais, j'ai vu représenter d'autres pièces qu'on aurait pu ranger dans le genre littéraire de cette dernière, quoique, par condescendance pour les idées du jour, on les ait produites sous le titre modeste de drames. Dans ces pièces, il n'y avait pas le plus petit mot pour rire; l'intrigue était une suite de crimes tous plus tragiques les uns que les autres, et les passions en jeu étaient bien dignes du temps des Grecs et des Romains. Pourtant le public applaudissait avec frénésie et paraissait éprouver les mêmes passions que les acteurs qui jouaient devant lui. J'ai vu ce même public se montrer assez froid pour les pièces d'un ordre mixte que nous avons nommées *vaudevilles, comédies-vaudevilles,* etc... et dont on leur a donné des échantillons, l'année dernière, pendant le séjour de la troupe française de *Métastase.*

Ce serait le cas, cher Paul, de t'envoyer un cours de littérature théâtrale et d'établir un parallèle entre le genre italien et le genre français. Ce travail ne manquerait pas d'intérêt, mais il serait au-dessus de mes forces.

Je me contenterai d'ajouter quelques mots sur un sujet que je laisse à de plus habiles le soin de traiter de main de maître.

Les Italiens nous sont très-inférieurs dans ce qu'on appelle la comédie de bon ton. Il faut à ce genre toute la délicatesse de l'esprit français, et j'ajouterai de la langue française ; les allures un peu trop libres de l'italien sont un défaut dans ce cas. La satire italienne frappe juste et bien, mais elle sort parfois des bornes de notre retenue française. Si nous avons moins de causticité que les Italiens, ils sont au-dessous de nous quant à la finesse du langage. D'ailleurs la richesse de la langue du *Dante* est un obstacle à ces nombreux quolibets et qui-

proquos qui font les délices des spectateurs,
sur nos scènes françaises ; les *lazzi* sont parfois amusants, mais aussi ils sont souvent lourds
ou grossiers. Nos jeux de mots peuvent éviter
facilement ces deux défauts, sans rien perdre
de leur force et de leur agrément.

Pourtant dans les genres *mimique* et *bouffe*,
nous sommes dépassés par les acteurs italiens.

Cela tient à ce que ces genres réclament bien
plutôt des qualités physiques qui nous sont
presque toujours étrangères, que les qualités
morales que nous venons de citer, et qui donnent une supériorité incontestable à notre esprit
sur celui des autres nations.

Le genre *mimique*, qui renferme le *bouffe*,
exige particulièrement des types de figures ré-
gulières et sérieuses. Le bouffe qui se déride-
rait en cherchant à nous amuser par ses gestes
extravagants, perdrait la moitié de ses avan-

tages. Ce qui nous plaît surtout dans *paillasse*
et dans *pierrot*, c'est la gravité dont ils accom-
pagnent toutes leurs farces.

Or les Italiens, tout en étant d'un naturel
assez porté à la gaieté, ont conservé quelque
chose de la gravité romaine: on les voit souvent
rire, mais leurs visages ne font aucune de ces
contorsions qui marquent notre hilarité française. Il est inutile d'ajouter que les formes
italiennes sont beaucoup plus élégantes que les
nôtres, et ce n'est pas un petit avantage pour
un acteur, que de présenter aux spectateurs une
tournure irréprochable, qui dans cette patrie
des peintres et des sculpteurs ne laisse pas que
de prédisposer le public en faveur de celui dont
il aura à juger le talent artistique.

Mais si dans la comédie de bon ton, qui est
la comédie par excellence, nous l'emportons sur
les Italiens, hâtons-nous de dire que nous leur
sommes inférieurs dans le drame et dans la
tragédie.

Je sais qu'on me répondra que l'école italienne est essentiellement exagérée et manque souvent de naturel ; mais je conteste cette opinion d'ailleurs assez répandue chez nous. On dit à Paris que certains gestes des acteurs italiens sont maniérés ; il faudrait songer, avant de porter un jugement aussi sévère, que ces gestes, qui nous choqueraient à la *halle* de Paris, sont employés chaque jour, au *ghetto* de Rome, dans les rues, à la placé de la Rotonde ou dans les carrefours du Transtevère. Je veux bien qu'ils soient contraires à la nature française, ils ne le sont point à la nature italienne.

On rirait, en France, si l'on voyait un homme parsemer sa conversation de grands mouvements de bras, d'épaules ou de tête, et nous montrer dans l'air, avec son index, des objets qui ne sont que dans son discours ; mais à Rome on n'en rirait pas, et qui plus est on n'en rit pas, car chaque Romain aurait à se tourner lui-même en ridicule.

Si nous nous donnons la peine de comparer nos gestes à ceux des Italiens, en les passant en revue les uns après les autres, il ne faudrait pas croire, par esprit patriotique, que nous aurions toujours l'avantage.

Je citerai seulement un exemple pris dans la manière de saluer chez les deux peuples en question.

En France, il est d'usage, lorsqu'on aborde quelqu'un que l'on veut traiter avec politesse, de rester chapeau bas, au risque d'avoir un coup de soleil ou un rhume de cerveau, ou bien de plier le corps, en manière de rasoir qu'on ferme, et bien que cette coutume de l'ancienne politesse française tombe chaque jour en désuétude, elle n'en reste pas moins le modèle à suivre pour les gens polis, attendu que ceux qui l'ont supprimée ne l'ont remplacée par aucun équivalent.

A Rome, le vrai Romain, le Romain qui

n'est pas francisé, ne découvre point son chef même devant la personne qu'il considère le plus ; il substitue au geste ridicule du chapeau, le geste beaucoup plus élégant de la main.

Deux doigts agités en l'air et dirigés vers la personne qu'on veut saluer, nous feraient plus l'effet d'une impertinence que d'un acte de politesse ; et pourtant à Rome, on n'a pas d'autre manière de saluer les gens.

Tu vois donc bien, cher Paul, qu'il est absurde de prétendre que le jeu scénique italien soit contraire à la nature, parce qu'il nous paraît tel. Il faut avouer plutôt que ce jeu, qui convient à merveille aux scènes violentes de la tragédie, est une cause de plus de la supériorité des Italiens dans ce genre.

J'en dirais bien long sur ce ton-là, si j'en croyais ma plume. Mais tu m'accuserais de faire un cours de littérature et je ne veux qu'écrire un voyage. Pourtant je ne crois pas les détails qui précèdent en dehors de mon sujet. J'étudie le côté philosophique de la Rome moderne, et la littérature est une branche assez importante des choses de l'esprit, pour qu'on se préoccupe de son état chez un peuple dont on veut dépeindre les mœurs et les usages.

Je termine cette lettre en t'annonçant un voyage à Loreto, que j'ai projeté dans le but de sanctifier mon carême. Je partirai demain. Cette excursion ou plutôt ce pèlerinage fera le sujet de ma prochaine lettre.

A bientôt.

Ton ami,

Arthur.

VINGT-CINQUIÈME LETTRE

Rome, ce 30 mars 1854.

Mon cher Paul,

J'ai fait, en compagnie de *Frisé*, un bien long voyage. Nous sommes partis de Rome le 6 mars et nous voici de retour, après avoir visité *Civita-Castellana*, *Narni*, *Terni*, *Spoleto*, *Foligno*, *Camerino*, *San-Severino*, *Recanati*, *Loreto* et les montagnes de *la Sabina*. Près de cent vingt lieues à cheval, en neuf jours! Voilà qui rappelle les marches forcées de la cavalerie en temps de guerre.

Eh bien, tu vas faire, au coin de ton feu, ma lettre à la main, le même voyage que nous. Tout le bénéfice de notre excursion sera pour toi, qui n'en auras point eu les fatigues.

Voilà pourtant comme vont les choses de ce monde : ce n'est presque jamais celui qui sème que l'on voit récolter; les artistes font des chefs-d'œuvre qui, à peine sortis de leurs ateliers, deviennent la propriété d'un gros richard, souvent incapable de les comprendre; les grands hommes politiques inventent de merveilleux systèmes qui sont pour eux des causes de disgrâce et de persécution, et d'autres habitent les palais dont les premiers ont jeté les bases.

Christophe Colomb découvre par la puissance
de son calcul cette Amérique qui porte le nom
d'un aventurier, etc...

Mais arrêtons-nous; notre modeste *voyage* ne
vaut pas tant de lamentations. Tu finirais par
croire que je joins une petite *réclame* aux pages
que je t'adresse.

Or çà, sans plus de digressions, j'entre en
matière. Et d'abord, pour la clarté du sujet,
je divise mon récit en neuf points, comme mon
voyage fut partagé en neuf journées.

PREMIÈRE JOURNÉE.

J'ai pris, pour sortir de Rome, la *porta del
Popolo*, puis la route de Ponte-Mole. En passant
sur ledit pont, j'ai salué les statues allégoriques
qui en marquent les deux extrémités, et, pre-
nant à droite, j'ai suivi la route de Tor-di-
Quinto jusqu'à *Civita-Castellana*. Cette petite

ville, l'ancienne *Véies*, est située sur une hauteur, et la côte qui y mène est si rapide que, *Frisé* et moi, nous avons parfaitement compris la résistance si longue que ses habitants opposèrent autrefois aux armes romaines. Je me suis un peu avancé peut-être en prêtant à *Frisé* une opinion qu'il ne m'a pas manifestée, aussi j'en prends tout seul la responsabilité.

Mais avant de jeter un coup d'œil sur le paysage que nous avons sous les yeux, il convient. cher Paul, que je te fasse une petite carte topographique qui te servira à faire le voyage de Rome à. *Loreto*, si jamais l'envie t'en prend.

A quelque chose mon voyage aura servi, si mes notes, dont je te garantis la rigoureuse exactitude, te peuvent être un jour de quelque utilité.

Il y a deux routes pour aller de Rome à *Loreto* ; on y peut aller par *Rieti* ou par Civita—

Castellana. Je préfère la seconde : elle est plus sûre.

Cette seconde route peut également se suivre de deux manières : on peut aller de Civi a-Castellana à *Loreto* par *Terni, Spoleto, Foligno, la Muccia, Tolentino* et *Macerata :* c'est ce qu'on appelle la *via corriere,* ou bien passer par *Spoleto, Foligno, Case-Nuove, Sarravalle, Camerino, San-Severino* et *Recanati :* c'est le chemin que j'ai pris ; il est un peu plus court que le précédent, mais moins fréquenté.

Au surplus, comme les opinions des gens compétents sont en contradiction sur cette matière, je vais transcrire, en deux tableaux dignes de figurer dans un livre de poste, les listes des stations de ces deux routes qui ne se séparent qu'à *Foligno.* La *via corriere* serait de 171 milles romains ; ma route de traverse n'en aurait que 166 ; tu vois que la différence

n'est pas grande. Je dois dire, pour être impartial, qu'en passant par Rieti, on n'a que
164 milles à faire.

Voici les tableaux promis des routes de Rome
à Loreto, par Civita-Castellana et Foligno.

VIA CORRIERE.

Rome.		
Poste aux chevaux de *la Storta*, à	10	milles de Rome
Village de *Baccano*.	21	—
La *locanda di Settevene*.	27	—
Ville de *Monterosi*.	30	—
La colonne qui marque le point d'in-		
tersection de la route de *Loreto* et de		
celle de la Toscane.	34	—
(La route de Loreto est sur la droite.)		
Le village de *Nepi*.	34	—
Civita-Castellana.	40	—·
Borghetto.	46	—
Otricoli.	50	—
Narni.	58	—
Terni.	65	—
Strettura, où l'on gravit le *Somma*.	74	—
Spoleto.	83	—

La poste *delle Vene*. . . . . . , . . 92 m. de Rome.
Foligno. 101   —
La Muccia. . . . . 22 m. de Foligno.
Tolentino. . . . . 17 m. de la Muccia.
Maccrata. . . . . 13 m. de Tolentino.
Loreto. . . . . 18 m. de Macerata.

Total. . . . . . . 171 milles.

Voici maintenant la route qui passe par Camérino, laissant à droite Tolentino. Nous com-
mencerons ce second tableau par Foligno, pour
éviter d'inutiles répétitions.

ROUTE DE TRAVERSE.

Rome. . . . .
Foligno. . . . . 101 m. de Rome.
Case nuove. . . . . 7 m. de Foligno.
Sarravalle. . . . . 7 m. de Case-Nuove.
Camérino. . . . . 10 m. de Sarravalle.
San-Severino . . . . 31 m. de Camérino.
Recanati. . . . . 9 m. de San Severino.
Loreto. . . . . 1 m. de Recanati.

Total. . . 166 milles.

Mais on peut encore raccourcir ma route de traverse de 5 milles, ce qui lui assurera une supériorité incontestable. C'est du reste ce que j'ai fait. Il faut alors passer par *Castel-nuovo-di-Porto* et *Rignano,* pour aller de Rome à Civita-Castellana et laisser sur la gauche *Baccano* et *Monterosi.*

Dans ce cas on marchera pendant 35 milles seulement au lieu de 40 que l'on compte par la *via corriere.* De cette façon, cette route n'est plus que de 161 milles, ce qui la fera préférer même à celle qui passe par *Riéti.*

Tu vois, mon cher Paul, que je suis taillé pour être sinon officier d'état-major, tout au moins, *bon arpenteur.*

Je me suis appesanti sur ces détails, qui paraîtront bien ingrats aux belles dames qui me liront par bienveillance ; mais peut-être m'en voudront-elles moins de les avoir ennuyées de

mon bavardage topographique, le jour où elles
se trouveront cheminant entre plusieurs nuages
de poussière sur la *via corriere* de Tolentino et
de Macerata à Loreto.

Maintenant que tous les renseignements
techniques que j'avais à te donner sont écrits,
je passe à mes impressions philosophiques.

Les villages de Castel-nuovo-di-Porto et de
Rignano ne méritent guère de fixer notre attention, pas plus que la route assez déserte qui
traverse la montagne, à moitié chemin de
Rome à Civita. Je n'ai point été enthousiasmé
de l'aspect du pays que j'ai traversé, et si je ne
recommandais à ton attention deux ou trois gorges et les petits vallons correspondants, lieux
presque inhabités, que l'on rencontre entre Rome
et Rignano, une colline d'une certaine élévation,
située sur la route à droite de ce dernier village et un bois assez étendu qui vous accom-
pagne jusqu'aux portes de Civita, je n'aurais

rien à te dire de cette première journée, si ce
n'est la joie que j'éprouvai en entrant dans la
cour de l'*albergho della Posta*, à Civita-Castellana.

Avant d'arriver à cette ville, la route longe la
vallée située aux pieds et marque par ses sinuosités les contours de la côte qui fait vis-à-vis à
une autre côte non moins rapide que la première,
et dont il faut faire l'ascension pour entrer en
ville. J'ai cru plus d'une fois que *Frisé* reste-
rait en chemin ; il me semblait que je montais à
l'assaut d'une citadelle.

Enfin, rendus à l'auberge, je fis donner à
Frisé son souper et demandai le mien que je man-
geai en compagnie d'un officier d'état-major de
l'armée française. Nous causâmes topographie ;
il me questionna pour savoir à quelle distance de
la route je plaçais la colline dont j'ai parlé précédemment ; je répondis imperturbablement
« un mille, » et je gage que mon interlocuteur

n'en savait pas plus long que moi sur cette matière, ce qui ne l'a pas empêché de faire la moyenne de nos deux appréciations et de l'inscrire sur son album. Après tout, aller de la route à la montagne, c'était faire un mille; retourner augmentait la course d'un autre mille; est-ce la peine pour quelques méchants mètres qui manqueront à l'appel, d'imposer à un honnête homme le pensum de deux milles au milieu des terres?

Après avoir ainsi topographié, je descendis à l'écurie pour surveiller le *picotin* de Frisé; mais pendant que je fumais un cigare, car je suis devenu fumeur depuis mes excursions dans la campagne romaine : c'est un *spécifique* contre *la mal'aria,* que je m'applique; pendant que je fumais à la porte de l'albergho, le charitable palefrenier aidait Frisé à terminer son repas, par une suppression plus économique que consciencieuse de l'avoine que ce dernier avait sous la dent.

Je me rappelai le système du garçon d'écurie de Frascati, et fis donner à *Frisé* des dommages et intérêts dont il me sut gré, j'en suis sûr.

Après quoi je montai dans ma chambre, que je trouvai ornée d'un magnifique tapis, d'un lit en fer avec des draps de la plus fine toile, de candélabres dorés armés de bougie *superfine* (comme disent les commerçants de Paris), d'un magnifique lavabo, de fauteuils, de deux glaces, etc., etc. Je ne me serais pas attendu à trouver tant de confortable à Civita-Castellana. Ainsi finit mon premier jour de voyage.

SECONDE JOURNÉE.

Si notre première étape ne fut que de 35 milles, en revanche, la seconde monta à 50, ce qui ne laisse pas que d'être un beau chiffre.

Je partis de fort bon matin, le 7, et m'éloignai de Civita dans la direction de *Borghetto*,

non sans jeter un dernier coup d'œil à cette antique cité si déchue de son ancienne splendeur,
qu'elle est à peine digne aujourd'hui de servir
de garnison à quelques compagnies d'infanterie.
Le soleil levant éclairait ces vieilles murailles de
ses premiers rayons, et moi je disparaissais dans
la descente de Borghetto, où j'allais retrouver
cette vallée du Tibre que j'avais laissée derrière
moi, à quelques milles de Rome.

A Borghetto, je passai de nouveau le Tibre,
sur le *ponte Felice*, une des innombrables
œuvres laissées à la postérité par le génie créateur du grand pape Sixte-Quint. Quatre milles
plus loin, je rencontrai *Otricoli*, autre village de
peu d'importance, mais fort ancien. Il est situé
sur une hauteur et au milieu d'un paysage
beaucoup plus agréable à l'œil que ne le sont
les environs de Civita-Castellana, dans la partie
que nous venions de traverser.

Après Otricoli, on entre un peu dans la

montagne, et la route, ayant passé de défilés en défilés, longe la rive gauche de la *Nera*, rivière qui baigne les murs de *Narni* et qui se jette dans le Tibre, ce qui me rappelle le célèbre proverbe romain :

Il Tevere non sarebbe Tevere
Se la Nera non gli dasse da bevere.

Je me suis arrêté en cette ville une demi-heure, pour restaurer mes forces avec un morceau de pain et un autre de fromage, le tout humecté d'un verre de vin blanc, et celles de mon quadrupède avec le picotin de rigueur, qu'on ne rencontre pas dans toutes les auberges de ce bienheureux pays.

Narni est habité par ce qu'on est convenu d'appeler 5,000 âmes; on y admire les ruines d'un aqueduc et d'un pont romain. Ce fut la patrie de l'empereur Nerva, ce qui n'est pas un grand sujet de gloire ; mieux vaudrait le voisinage de la cascade *delle Marmore.* C'est ainsi qu'on nomme une magnifique cataracte formée par la chute du *Vélino,* qui se précipite dans la *Nera* à quelque chose comme 3 milles de *Terni.*

J'ai voulu voir cette fameuse chute, une des plus belles de l'Europe, et destinée à me faire traiter de *lilliputiennes* les cascades de Tivoli. J'ai donc fait un crochet dans la montagne et en arrière de la route de Loreto, car la *cascata delle Marmore* se trouve située entre Rieti et Terni.

Nous avons donc porté nos pas jusqu'au pied de cette belle cascade qui se compose de trois chutes, dont la hauteur totale serait, suivant les uns, de 200 mètres, et, suivant les autres, de 150. Il ne nous appartient pas de juger la question ; nous nous contenterons de joindre notre admiration à celle de tant d'autres, et nous ne pourrions que répéter, avec une amplification digne du sujet, tout ce que nous avons dit à propos des cascades de Tivoli : aussi nous dirons seulement que nous ne regrettons pas les 6 milles dont il nous a fallu allonger notre route. De pareilles merveilles méritent qu'on fasse le tour du monde pour aller en repaître ses yeux; elles sont pour l'homme un grand enseignement de la puissance divine et en même temps une grande leçon pour ceux d'entre nous qui songeraient à s'enorgueillir de nos monuments humains, toujours si mesquins près de ces grandes créations de la nature.

Par un chemin connu seulement des gens du pays je gagnai, grâce aux renseignements que j'eus soin de prendre en partant et le long de la route, la vallée de Terni, et j'entrai dans cette ville afin d'y prendre quelque repos dont nous avions besoin, *Frisé* et moi, pour atteindre avant la nuit *Spoleto*, la dernière station de notre seconde étape.

Terni, la patrie de Tacite, située dans une île qu'enlace de ses replis la Néra, compte environ 8,000 habitants.

La Néra, malgré le nom qu'elle doit à la couleur de ses eaux, n'en fertilise pas moins à une grande distance les alentours de Terni ; c'est à tel point que toute cette contrée est remarquable par sa richesse, et ressemble si peu à ce que l'on voit depuis Rome, qu'on se croit transporté comme par enchantement dans la haute Italie.

Les mortels qui l'habitent ne ressemblent guère non plus aux Romains qui vivent autour de Rome ; c'est un autre peuple : ces gens-là paraissent heureux, et leurs visages riants et ouverts respirent un air de santé que je n'avais encore rencontré que dans les montagnes d'Albano, de Frascati, etc. C'est que la terre est ici mieux cultivée que sur les bords du Tibre, et plus je me suis éloigné de Rome, plus j'ai été à même de faire cette remarque consolante. On dirait que le gouvernement romain, voulant enfermer Rome dans un *cordon* que je n'appellerai pas *sanitaire*, aurait dit à son peuple : Vous ne toucherez pas à la terre située dans un rayon de 20 milles de Rome; cette terre deviendra un immense désert, une steppe à l'instar de l'Asie, au milieu duquel restera, comme un oasis, cette Rome qu'il nous convient de cacher ainsi aux yeux profanes sous un voile de désolation.

Un pareil raisonnement, que je n'accuse personne d'avoir tenu, serait tout au plus fait pour ces temps innocents où les hommes adoraient des *oignons*, des *bœufs* et des *serpents*, et où on leur persuadait sans peine de respecter des mystères que les prêtres du paganisme célébraient derrière le rideau, tandis que la foule attendait avec anxiété la bonne nouvelle que devait apporter leur pontife, ivre de vin et de débauche.

Le christianisme veut le grand jour. La lumière n'est point faite pour qu'on la mette sous le boisseau d'où ses rayons ne sauraient arriver jusqu'à nous. Il n'est pas nécessaire que les murailles de Rome s'élèvent du milieu d'un désert, pour que le vulgaire chrétien se signe avec respect et frappe sa poitrine avec foi, en regardant de loin cette reine des cités. L'évangile nous apprend que nous pouvons être, si nous voulons, le temple de Dieu, par la sainte communion ; c'est assez nous dire que l'essence du christianisme est la domination de la chair par l'esprit, la victoire du monde moral sur le monde matériel.

Si Jésus-Christ avait voulu nous donner de grands spectacles physiques faits pour étonner les yeux du corps, il aurait pu mourir au sommet du *Vésuve* ou de l'*Etna*, ou bien près des cataractes du *Niagara*. Qui l'empêchait de substituer l'Océan au modeste lac de *Tibériade?* Le *Golgotha*, au dire de Volney, n'est guère

qu'une colline assez élevée, et ce grand philosophe a trouvé bien mesquines les fameuses
fentes formées dans le roc de la montagne par
le tremblement de terre du vendredi-saint. Je
sais que le génie de Volney s'est laissé prendre
à cette tentation qui porte l'esprit de l'homme
à ne comprendre la grandeur que sous une
forme matérielle ; mais que prouve l'erreur de
ce philosophe ? sinon qu'il n'a rien compris au
christianisme ; et partant sa bévue devrait *à
fortiori* nous faire désirer qu'on enseignât au
vulgaire à mépriser la forme qui trompe, pour
n'admirer et ne chercher que l'esprit, qui seulement est la vie.

Ainsi donc, nous désirons sincèrement que
notre siècle voie se réaliser la culture de la
campagne romaine, et que l'on ne soit pas
obligé d'aller de Rome à Terni ou tout au moins
à la montagne d'Albano, pour sortir du désert.

Nous désirons que les cardinaux mettent peu

à peu de côté leurs voitures surchargées de dorures, et qu'ils songent que nos peuples du dix-neuvième siècle sont accoutumés à voir leurs empereurs circuler dans les rues de leur capitale, en simple calèche, et revêtus d'habits bourgeois, sans que pour cette raison on les confonde jamais avec aucun de leurs sujets.

Je sais qu'on me répondra qu'une telle réforme pourrait nuire à la pompe des cérémonies religieuses. Je ne le crois pas. Soyez pontife en habits sacerdotaux, et quand vous rentrez dans la vie civile, portez-y la modestie et la simplicité que le divin Maître enseignait à ses apôtres ; vous ne pourrez qu'y gagner en autorité.

Il est certain qu'un pareil changement, amené en plein moyen âge, aurait singulièrement choqué les yeux grossiers du peuple de cette époque ; mais les temps sont changés ; les peuples ont discuté toutes les autorités, et

la preuve en est qu'aujourd'hui les seules véri-
tablement respectées sont celles qui ont reçu,
par le suffrage universel, la sanction de ces
mêmes peuples en révolte contre tout pouvoir
qui n'est pas basé sur leur souveraineté nationale.

Montrez donc à ces peuples si jaloux de leur
indépendance, et en même temps devenus si
philosophes, montrez-leur que l'autorité sainte,
incontestable, apostolique que l'Église tient de
Dieu même, n'a pas besoin de toutes ces déco-
rations à grand spectacle que l'on avait imaginées jadis pour satisfaire les goûts enfantins
des chrétiens des croisades et des guerres de
religion.

Voilà, mon cher Paul, les conseils que chaque jour la politique donne au gouvernement
romain. Ces conseils ont trouvé un écho dans
l'âme généreuse du saint-père ; mais malheureusement il est presque seul à lutter contre

des abus que tant de gens sont intéressés à perpétuer.

Nous voilà loin de Terni ; mais c'est la faute de *Frisé*, qui a voulu s'arrêter dans cette ville. S'il m'eût emporté au galop vers la montagne de *Somma*, le point le plus élevé de la chaîne qui traverse cette partie des États pontificaux, que l'on passe au village de *Strettura*, situé à 9 milles de Terni, mon âme, rappelée sur la route par le magnifique aspect de ces belles gorges de montagnes et des immenses panoramas que le voyageur a successivement sous les yeux, serait revenue en grande hâte de son excursion à Rome, et y aurait laissé les cardinaux avec leurs voitures dorées, leurs parapluies accrochés sur le haut de ces voitures, et leurs trois laquais habillés en arlequins et coiffés de *chapeaux à claque*, qui, pendus à deux courroies que se disputent leurs six mains, ont l'air, avec ces basques allongées en rond jusqu'à leurs talons, de trois *capricornes* grimpés les uns sur les autres.

Aussi, puisque *Frisé* n'a pas eu le bon esprit de me remettre sur la route dont je m'étais tant éloigné, il aura pour pénitence une réprimande assaisonnée d'éperon et de cravache. Laissons-le réparer le temps perdu, et courons à *Spoleto* finir notre seconde journée, que Paul va sans doute trouver bien longue.

Spoleto, ville de 7 à 8,000 âmes, est bâtie au pied d'une montagne dont ses rues serpentent les flancs. Elle a quelques ruines assez belles, un palais romain, un aqueduc, un temple, etc. Son pont, jeté sur la *Maroggia*, est remarquable par sa hauteur. Spoleto est un chef-lieu de province; Terni et Narni en dépendent. La ville par elle-même, quoique assez populeuse, n'est pas agréable à habiter, à cause du peu d'ouverture de ses rues et de leur pente rapide. Cependant on bâtit dans la basse ville un quartier neuf dont la population augmente tous les jours; c'est là que je mis pied à terre, à l'*albergho nuovo*, dirigé par un homme d'une grande amabilité. Pour quelques paoli, Frisé et moi nous nous reposâmes à merveille toute une nuit, et nous nous reconfortâmes comme il convenait pour nous préparer à notre excursion du lendemain.

TROISIÈME JOURNÉE.

A travers un brouillard qui dura depuis six heures du matin jusqu'à dix, nous parvînmes à *Foligno*. Je n'ai donc pu juger de l'aspect du pays parcouru, aussi je supprime les descriptions. Ce que je fais, c'est un acte de bonne foi bien méritoire, car vraiment je gage que je pourrais me lancer dans un récit même circonstancié des choses que je n'ai point vues, sans être plus à blâmer que la plupart des gens qui écrivent des voyages. Cependant je ne les imiterai point; et fussé-je certain de plaire au lecteur, à l'aide de contes drolatiques entièrement sortis de mon imagination, que je sacrifie-

rais encore cette jouissance d'auteur au plaisir
ineffable de dire la vérité et rien que la vérité.

Foligno, ville d'environ 9 à 10,000 habitants,
est située à 10 milles de Spoléto. On y remarque une certaine activité commerciale, et j'y ai
trouvé des changeurs juifs qui m'ont donné, contre du papier-monnaie pontifical, une quantité de
petites pièces d'or venues des quatre coins du
monde, et choisies à dessein, sans doute, pour
émerveiller les yeux du voyageur et lui donner
une haute idée du mouvement industriel de la
contrée.

On arrive à Foligno par une grande avenue
plantée de beaux arbres, qui sert de promenade
aux élégants de l'endroit, les jours de fête. Cette
allée aboutit à une des portes de la ville, qui,
du reste, a conservé ses antiques murailles féo-
dales. Malgré ses rues étroites et mal pavées,
Foligno plaît à l'œil, à cause de l'animation
qu'on y remarque et aussi du voisinage de la

montagne que l'on voit à quelques milles s'élever à l'horizon. Je ne sais pourquoi, mais la vue
des montagnes m'a toujours produit une grande
impression; ce spectacle me fait rêver grandeur
et indépendance; pourtant on traverse en Italie
bien des provinces sans que la présence de ceux
qui les habitent rappelle à l'esprit cette fierté
républicaine et ces allures démocratiques qu'on
aime tant à rencontrer dans les Alpes de la Suisse,
ou dans les *sierras* de l'Espagne.

Partis de Foligno, *Frisé* et moi nous entrâmes dans des gorges de montagnes que nous
suivîmes jusqu'au village de *Camérino*, c'est-
à-dire l'espace de 24 milles. C'est la plus
désagréable partie de la route de Loreto; on
s'arrête d'abord à *Case-Nuove*, espèce de station
de poste où sont groupées trois ou quatre mauvaises bicoques situées sur le bord d'un torrent;
puis on suit la route environ 7 milles sans
rencontrer *âme qui vive*, et on descend, après
avoir monté la pénible côte de Case-Nuove et

avoir traversé un immense plateau qui ressemblerait plutôt à une portion du désert ou à une steppe de l'Asie, au village de *Sarra-Vallr*, ainsi nommé à cause du défilé qui se resserre au point de ne laisser aux hommes que juste l'espace où furent bâties les quelques maisons alignées processionnellement qui composent le village en question.

Au milieu du plateau dont j'ai parlé tout à l'heure, on rencontre un petit lac, formé sans doute par les neiges fondues qui s'écoulent des sommets voisins. Au surplus, j'ai dû prendre de grandes précautions pour ne point me perdre en route, car Frisé avait de la neige jusqu'aux genoux, et si n'eût été une série de gros poteaux noirs que le gouvernement a eu la paternelle pensée de placer en ces lieux pour indiquer le chemin qu'on doit suivre, je serais probablement, à l'heure qu'il est, étendu sans vie à côté de mon coursier, et nos cadavres auraient disparu sous la neige ou auraient été dévorés par les *carnivores* du ciel et de la terre. Mais pas de jérémiades, puisque les poteaux nous ont sauvé l'existence; c'est le cas de remercier l'administration pontificale, dont nous n'avons pas toujours eu l'occasion d'admirer la prévoyance et la sagesse.

Quand on sort de Sarra-Valle, on trouve sur la droite une route qui suit le défilé et qui mène à Tolentino : c'est *la via corriere*. Fidèle à notre itinéraire précédemment tracé, nous avons pris à gauche, et nous sommes dirigés vers *Camerino*. On y arrive en suivant les nombreuses sinuosités d'une seconde route presque aussi belle et aussi bien entretenue que la première, et qui sillonne en serpentant les flancs de la montagne que couronne Camerino. Mais nous préférâmes prendre d'assaut cette remarquable position, et nous entrâmes en ville, après l'*Ave Maria*, par une porte peu fréquentée des cavaliers. De là, nous gagnâmes une auberge choisie par nous, sans autre conseiller que le hasard, et dont pourtant nous n'eûmes point à nous plaindre. Restons donc chez le *signor Giovanni Baldiù*, et remettons au jour suivant le récit de ce qui nous arriva en ces lieux d'heureuse mémoire.

QUATRIÈME JOURNÉE.

Nous étions à peine installés chez *Giovanni Baldiù*, *Frisé* dans son écurie, où on eut bien de la peine à lui faire apporter quelques brins de paille et quelques poignées de mauvaises fèves que les bonnes gens de l'endroit décoraient du nom pompeux d'*avena*, et moi à la table carrée de l'albergho, où je dévorais quatre œufs sur le plat et deux côtelettes de *montone*, lorsqu'un bruit d'éperons et un cliquetis d'armes appela mon attention. Pendant que je me fatiguais l'imagination pour expliquer ce phénomène, la voix d'un petit monsieur d'assez mauvaise mine retentit à mes oreilles, et prononça d'une façon peu bienveillante les mots suivants :

« *Forestiere, mi favorisca il suo passaporto!* »

Je compris que j'étais en présence du commissaire de police de l'endroit; mais, habitué à nos usages français, si commodes pour les honnêtes gens et qui, faisant un devoir aux officiers de paix de poursuivre et de surveiller les malfaiteurs, les oblige à bien traiter les citoyens pacifiques et vertueux, je fus très-étonné de me voir soumis à un interrogatoire tellement détaillé et compliqué, que réellement je me demandai s j'avais la conscience très-nette et n'étais point en contravention avec les lois du pays; mais enfin mon innocence cessa d'être mise en doute, et le fonctionnaire trop consciencieux mit un terme à ses importunes questions; aussi bien, je n'avais plus rien à lui apprendre sur mon compte; car il m'avait demandé :

1° Le lieu de ma naissance?

2° Mon âge?

3° Le nom de mes père et mère?

4° Le jour de mon départ de Paris?

5° La date de mon arrivée à Rome?

6° Quels étaient mes moyens d'existence?

7° Combien de jours j'avais mis pour venir de Rome à Camérino?

8° Ce que j'allais faire à Loreto?

9° Le nombre de jours que j'y comptais passer?

10° A quelle époque je serais de retour à Camérino, dans le cas où je retournerais par cette ville, ou par quel chemin je passerais pour regagner Rome?

11° Quelles étaient mes relations de société à Loreto?

12° Etc., etc...

Je n'en finirais pas, si je répétais tout ce qui me fut dit sur ce ton-là.

Je pensais en moi-même que c'était une singulière façon de faire la police, que de torturer ainsi les gens paisibles, en leur enlevant tout le plaisir qu'ils pouvaient trouver à parcourir ces belles contrées. Je pensais... Mais à quoi bon dire tout ce que je pensais, j'en aurais trop long à conter, j'aime mieux me taire ; au surplus, mon *argus* devint plus aimable lorsqu'il se fut persuadé que je n'étais ni *Mazzini*, ni *Garibaldi*, ni, etc. ;.. car il est bon que tu saches, cher Paul, que dans ce pays, la police voit partout des fantômes révolutionnaires, et quand il arrive à un *frère et ami* de chevaucher dans ces parages (ce que je crois, entre nous, qu'ils font plus souvent dans les colonnes de la *Presse* que dans les plaines ou les montagnes d'Italie), le hardi conspirateur se fond comme une ombre sous la main de cette police si tracassière, et on n'entend pas plus parler de lui que s'il n'avait jamais existé.

Quand donc les gouvernements d'Italie voudront-ils se mettre sérieusement à copier nos institutions, et substitueront-ils à leur ridicule police de collége une police régulièrement organisée comme la nôtre, et qui sache, comme la nôtre aussi, frapper à coup sûr les coupables qu'elle recherche, sans jamais inquiéter les honnêtes gens, qu'elle a mission de protéger? Donc, mon commissaire se dérida, mais tant et si bien, que nous finîmes par être une paire d'amis; il me raconta mille et mille choses, me parla de la France, de Napoléon Ier, des guerres d'Italie; ce brave homme avait conservé pour l'*empereur-roi* une vénération que j'ai vue partagée ici par beaucoup de gens du peuple. En effet, il est difficile qu'un pays où Napoléon Ier fit de si grandes choses, qu'un pays où il laissa de si magnifiques souvenirs de son passage, tels que routes, canaux, ports et monuments d'utilité publique de toute sorte, ait pu perdre la mémoire du héros qui en voulait faire une grande nation!

Ah! pourquoi l'Italie ne s'est-elle pas levée comme un seul homme, lorsque la France abandonnait celui auquel elle devait tant de gloire et de grandeur? Pourquoi l'Italie ne lui a-t-elle pas offert les défilés de ses montagnes pour der-

nière retraite, et les bras de ses enfants comme
un dernier rempart derrière lequel ce grand
homme eût pu reconquérir cette Europe qu'il
avait vaincue tant de fois?

Pourquoi, aujourd'hui, l'Italie n'élève-t-elle
point ses bras suppliants vers cette étoile qui
n'a pas disparu du ciel; au lieu d'appeler à elle
cette horde de révolutionnaires qui sont l'effroi
de tous les honnêtes gens, et dont l'appui dangereux compromet toutes les bonnes causes ?

Dieu seul peut répondre à de pareilles questions.

Mais à défaut d'une réponse, mon cher Paul,
je puis t'assurer que j'ai trouvé dans ce pays
bien des cœurs qui battaient pour l'aigle d'Aus-
terlitz, et que si l'on pouvait consulter la nation
italienne, à l'aide de ce suffrage universel qui
déjà plus d'une fois a été le salut de la France,
l'Italie donnerait à l'Europe une réponse qui

serait un magnifique hommage rendu aux gloires et aux bienfaits de l'empire.

Mais revenons à *Tomasso Francati;* il parta-
geait un peu mes idées, voilà pourquoi je me
suis permis cette digression.

Au surplus, je ne puis te redire toutes les
conversations que nous eûmes ensemble ; j'ajouterai seulement qu'il m'avait pris en telle amitié,
que le lendemain, à mon réveil, il était déjà en
faction à la porte de ma chambre, désireux de
reprendre l'entretien de la veille.

Je me séparai pourtant de l'*ispettore di po-
lizia* et fus seller Frisé, et ayant payé ma note,
qui montait en tout à quelques paoli, je fis de
tendres adieux à mes charmants hôtes et les
remerciai de leur bon accueil; car Giovanni
Baldiù et sa gente *en jupons* avaient rivalisé de
zèle avec l'inspecteur, pour me faire passer le

temps de la façon la plus agréable et me donner les soins les plus empressés.

Tu vois donc qu'il ne faut point se trop hâter
de juger les hommes.

J'avais commencé par envoyer *au diable* ces
pauvres gens, et quelques heures de séjour suf-
firent pour me les faire regretter. Les Italiens
sont, en général, d'un commerce facile et char-
mant; les exigences de la politique et du gouvernement les rendent parfois insupportables au
voyageur; mais à part toutes ces misères que le
temps emportera avec le vieux monde, les habitants de ce pays sont fort accommodants.

Je traversai la ville le lendemain pour sortir
de Camérino, et je tairais ce trajet si, en passant près de la prison, un spectacle pénible ne
fût venu troubler mon esprit. Je vis des petits
bras d'enfants s'allonger entre les barreaux

d'une fenêtre, et des voix déchirantes me demandèrent la *limosina*, et quand je m'approchai pour leur jeter quelques pièces de monnaie, je pus remarquer derrière la grille en question une amille tout entière, composée d'un père, d'une mère et de plusieurs *ragazzini* et *ragazzine*.

Je fis au garçon d'écurie qui me servait de guide une question à propos de ce que je voyais : il m'expliqua qu'on avait l'habitude, en ce pays, de réunir aux prisonniers leurs familles, sur la demande qu'ils en faisaient préalablement.

Cette coutume a sans doute un motif de philanthropie, mais elle est bien maladroite, tout autant que de placer les fenêtres des prisons sur la rue ; c'est attirer inutilement les regards du passant sur des scènes bien faites pour l'impressionner désagréablement, et l'impression produite n'est certes pas de nature à rendre plus sympathique un gouvernement qui a déjà tant d'ennemis en ce pays.

Si j'étais connu de l'évêque qui gouverne la délégation dont Camérino est le chef-lieu, je l'engagerais fort à supprimer cette grille devant laquelle je me suis arrêté, et à ne point permettre que les enfants des prisonniers viennent partager un séjour naturellement malsain pour d'aussi frêles créatures. Qu'un voltairien passe devant cette malencontreuse fenêtre, et il s'écriera que dans Camérino on condamne à la réclusion les enfants en nourrice, et qu'on laisse mourir de faim ces prisonniers auxquels il aura donné l'aumône comme moi, comme mille autres le font peut-être journellement ! A quoi bon s'exposer à être jugés de la sorte par des étrangers mal informés ou par des esprits mal faits? Ne devrait-on pas chercher à éviter tout ce qui peut donner une apparence de raison aux vociférations des ennemis de l'Eglise?

Quand donc comprendra-t-on, à Rome, que toutes ces réformes, qui sont certainement aussi désirées par le saint-père qu'elles le sont de tous les gens raisonnables, seraient d'un excellent effet pour détruire l'esprit révolutionnaire qui cherche continuellement, dans des abus de forme, des armes nouvelles pour attaquer le fond du catholicisme?

Camérino est dans une position fort avantageuse. C'est un point stratégique de la contrée. On voit dans le lointain, à une distance de quelques milles, les cimes blanches de la chaîne centrale des Apennins. Ce voisinage contribue singulièrement à rafraîchir l'atmosphère de ce lieu, d'ailleurs remarquable par la fertilité de ses environs.

La ville est complétement entourée de murailles fortifiées, et, du haut de la montagne isolée où elle est bâtie, semble un fort détaché de la grande chaîne des Apennins; pourtant, par la porte que j'ai prise en sortant dans la direction de Loreto, la vue s'étend vers une immense vallée du plus riant aspect. On cultive la vigne en ce pays; son terrain accidenté, et portant en relief une infinité de petites collines, est parfaitement disposé pour ce genre de culture.

De *Camérino* nous gagnâmes, après une marche d'environ 30 milles à travers une série de vallons plus pittoresques les uns que les autres, le délicieux bourg de *San-Severino*. Ses rues sont tirées au cordeau comme celles d'une ville allemande, et ses maisons d'une propreté et d'une coquetterie à laquelle le voyageur n'est point habitué dans cette partie de l'Italie. San-Severino, bâti sur les bords d'une petite rivière, appartient à la marche d'Ancône. Je n'ai point vu dans tous les Etats pontificaux de séjour plus enchanteur, ni de plus agréable situation que celle de San-Severino.

On y voit une vaste place où se tient le marché, de belles et longues rues, des fontaines, des églises remarquables, etc... Mais ce qui m'a surtout frappé, c'est la mine gaillarde et heureuse des habitants. On se croirait à mille lieues de la campagne de Rome. Ayant rendu hommage à ce village exceptionnel, que nous recommandons de bon cœur aux touristes présents et à venir, marchons à *Recanati*, où nous arriverons après 9 milles, non sans laisser derrière nous l'endroit appelé *il Passo di Troja*. Cet autre bourg mérite bien aussi quelques paroles d'admiration, à cause de sa position toute pittoresque ; mais après San-Severino, que pourrions-nous admirer ?

Montons donc à *Recanati*, qui nous attend du haut de sa colline. J'ai dit colline, et je ne m'en repens pas, car il faut que tu ne t'avises plus, Paul, de chercher des montagnes dans la portion de la marche d'Ancône que nous parcourons en ce moment ; on y voit tout au plus des buttes dans le genre de celle de Montmartre ou du Mont-Valérien.

Mais ce pays est coupé d'une façon si gracieuse par les ondulations de ces collines qui se
succèdent jusqu'à la mer, que, vraiment, on y
jouit d'un panorama qui empêche de regretter
la beauté sévère des défilés de Sarravalle ou de
Strettura.

La marche d'Ancône est très-bien cultivée.
La propriété y est excessivement divisée. En
ce pays, les réformes introduites par l'administration française ont pris de telles racines, que
l'ineptie de ceux qui ont succédé à la domination impériale n'a pu détruire les bons effets de
ces réformes. La vigne est toujours une des
grandes ressources de la contrée; pourtant j'y ai
vu tous les genres de culture auxquels nous sou-
mettons chez nous nos champs.

Rien n'est plus animé ni plus beau que le
paysage qui s'offre aux yeux du voyageur depuis San-Severino jusqu'à la mer Adriatique;

et j'allais atteindre le but de ma quatrième
journée dans les meilleures dispositions d'esprit,
si ma bonne humeur n'eût été troublée par
un incident qui aurait pu avoir des suites
fâcheuses, et se termina pourtant d'une façon
inoffensive. Je cheminais lentement sur la route
de Recanati, au pas de *Frisé*, qui commençait à
battre ses fers l'un contre l'autre, lorsque j'arrivai à un tas de maisons devant lesquelles
des Italiens du peuple jouaient aux boules pour
diminuer l'ennui d'un jour de fête. L'un d'eux,
se tournant vers moi, m'engagea de la manière que voici à presser l'allure de *Frisé :*

*Olà! quell' uomo, va più presto! va via ô ché
ti pigli un' accidente !*

Quoique cet *accidente* souhaité ne soit pas un
compliment dans une bouche italienne, je faisais peu de cas d'une insulte d'homme mal élevé,
lorsque mon interlocuteur, exaspéré de mon
silence et de mon indifférence, me menaça de
me frapper et de lancer ses boules dans les

jambes de mon coursier. Ce procédé peu parlementaire me fit lever la canne que j'avais à la main, sur mon insolent, qui déjà s'approchait de moi, sans doute dans une intention hostile ; mais le geste de la canne levée n'ayant point suffi à me garantir de cet homme, je finis ma phrase en tirant de l'arçon de ma selle un pistolet que j'armai pour donner plus d'intérêt à notre conversation. Je remarquai avec plaisir que l'argument parut bon, et, grâce à lui, je pus continuer ma route sans obstacles d'aucun genre. Je dois dire que, dans tout le cours de mon voyage, cette occasion fut la seule où je fus obligé d'apprécier l'éloquence de mon *revolver.*

Recanati ne m'a pas séduit comme San-Severino ; il est vrai de dire qu'ayant Loreto devant moi, j'étais peu disposé à me distraire de ce but principal de mon excursion.

Recanati est pourtant un gros bourg, assez

bien situé et qui domine tous les environs; il n'est pas loin du bord de la mer, puisque Loreto, qui est distant de Recanati d'un mille, l'est de la même quantité du rivage de l'Adriatique.

Quittons donc Recanati et courons vers Loreto, où nous passerons notre quatrième nuit à *l'albergho della Campana*, un des moins mauvais de l'endroit.

Je termine le récit de cette quatrième journée sans parler de Loreto, car ce sera le sujet de la cinquième; pourtant je ne puis passer sous silence un trait dont j'ai été témoin et qui m'a prouvé une fois de plus dans quelle désorganisation est tombé le clergé appelé ici *régulier*. Voici le fait dont il s'agit.

Je descendais la côte de Recanati, étendant au loin mon regard vers la plaine qui entoure Loreto, et échangeant les *addio* d'usage avec les gens que je rencontrais sur ma route, lorsque je remarquai un essaim de moines mendiants qui rentraient à un couvent voisin de la porte de la ville ; à côté des moines passa aussi une troupe de jeunes filles, emportant sur leur tête, en leur logis, sans doute, de grands pots en grès, remplis de l'eau d'une fontaine placée hors la ville, juste en face de l'entrée du monastère.

Tous ces bons religieux s'en revenaient *piano*, *piano* au cloître, en baissant la tête et en récitant tout bas leurs chapelets, lorsque j'en vis un faire à une des jeunes filles dont nous avons parlé, un geste qui me laissa beaucoup de choses à penser. Je n'en pensai pourtant que deux : la première, que la jeune fille était bien jolie ; la seconde, que le moine avait manqué sa vocation ; ce qui ne l'empêchera pas d'aller en enfer au besoin et lui vaudrait quelque bonne discipline si le pape, qui fait en ce moment dans les ordres religieux de sérieuses réformes, le voyait quelque jour faire fonctionner son télégraphe sentimental.

10

CINQUIÈME JOURNÉE.

Nous voici à Loreto, que j'appellerais Lorette, si je ne détestais la manie qu'ont certaines gens de franciser tous les noms étrangers.

Je pourrais te faire une ample description de cet intéressant lieu de pèlerinage, mais tu sais nos conventions. Avant tout, mes impressions sont philosophiques; à d'autres je laisse le soin de t'en envoyer d'artistiques.

Je suis venu ici, je le dis hautement, avec un profond sentiment de foi dans le cœur, et, pour être impartial, je dois avouer que ma visite à la *Santa Casa*, au lieu d'augmenter ma foi, l'aurait plutôt refroidie, si je ne savais qu'on doit placer la religion bien plus dans les choses de fond que dans celles de forme.

Dieu me garde de prétendre nier l'authenticité de la maison de la Vierge que l'on voit à
Loreto, ni de la statue sculptée par saint Luc,
ni même de la coupe qui servit à la divine
Marie ! Je crois aisément le miracle de la translation de la maison sainte, depuis la Judée jusqu'en Italie. La pensée que quatre anges ont
pu la transporter à travers l'espace ne répugne
nullement à mon esprit. Ne voyons-nous pas
tous les jours Dieu faire sous nos yeux des
miracles que je considère comme bien plus merveilleux que celui dont il s'agit? Les miracles
accomplis dans l'ordre physique n'ont rien qui
m'étonne; je trouve ceux de l'ordre moral
mille fois plus surprenants.

Toutefois, deux considérations philosophiques
sont venues troubler mon esprit au milieu de
ma bonne foi catholique.

On se demande naturellement pourquoi la
sainte demeure, si voyageuse dans les premiers

temps de l'Église, a tout d'un coup modifié son humeur et a renoncé pour toujours à ces changements de domicile qu'elle fit autrefois avec autant de rapidité que de facilité ?

En effet, après s'être arrêtée en Albanie, d'où la chassèrent des désordres qu'elle était destinée à rencontrer partout où elle trouverait des hommes, la *Santa Casa* alla s'abattre à Recanati, et quitta encore ce séjour pour se fixer définitivement à Loreto, et cela à cause d'un crime commis près de ses murs sacrés, et dont elle ne put supporter la souillure.

On conçoit de pareils changements amenés par de pareilles causes ; mais ce que l'on comprend plus difficilement, c'est que la sainte maison, si facile à scandaliser dans les premiers temps, n'ait pas craint d'habiter depuis des siècles une ville comme Loreto, qui n'est pas précisément peuplée de ce que les États ro-

mains ont de mieux parmi leurs trois millions
d'habitants.

On est donc obligé de croire que Dieu a eu
ses raisons pour se montrer si difficile, dans le
principe, sur le choix d'un lieu propre à recevoir cette maison sacrée, et pour renoncer plus
tard à continuer un miracle répété déjà tant
de fois.

Nous ne devons point prétendre pénétrer les
desseins de Dieu, ce serait folie à nous que de
nous mettre pareille chose en tête ; aussi dé-
clarons-nous que nous croyons tout ce que l'on
dit à Rome au sujet des merveilleuses expédi-
tions de la *Santa Casa*, sans toutefois rencontrer
une grande vraisemblance dans les faits que
raconte la tradition à ce sujet.

Une seconde objection s'est présentée à notre
esprit. Elle est tirée d'un autre ordre d'idées,
et nous forcerait à douter complétement du mi-

racle en question, si nous n'avions pour coutume d'incliner notre décision, en matière de foi, devant la décision infaillible de l'Église et du souverain pontife.

De tout temps la papauté a cherché à s'entourer de ce qui pouvait donner plus d'éclat à sa puissance, et elle a de tout temps voulu faire de Rome le centre unique du christianisme. Cette pensée n'a rien de condamnable en soi ; parfois cependant on l'a poursuivie par des moyens peu en rapport avec l'esprit de lumière de l'Évangile.

J'ai donc été frappé du grand avantage que les papes ont dû retirer de ce voisinage de la *Casa Santa*, et je n'hésite point à m'imaginer qu'à défaut du miracle de la translation aérienne, les pontifes catholiques n'eussent fait transporter sur la terre romaine ce précieux monument dont la possession doit avoir tant de prix aux yeux des vrais chrétiens. Mais comme à l'époque des temps primitifs de l'Église on avait affaire à des populations encore imprégnées de la grossièreté et de la stupidité païennes, il eût peut-être été plus difficile de leur faire accepter la translation de la *Santa Casa* sur un vaisseau conduit par des hommes, qu'il ne l'était de leur faire croire à la translation aérienne, exécutée par des esprits célestes.

On doit tenir compte aussi de ce que la seconde explication avait un caractère de merveilleux qui devait inspirer bien plus de respect à ces populations encore à demi barbares.

En joignant donc l'intérêt que les papes avaient à garder près d'eux une aussi sainte relique, à la nécessité de frapper l'imagination du vulgaire de ces temps primitifs, on est porté à mettre en doute, sinon l'authenticité de la *Santa Casa*, au moins quelques-unes des traditions qui nous sont parvenues sur son compte.

Je le répète, malgré ce que mon esprit trouve de singulier dans cette histoire; malgré le but politique que je suis incliné à prêter, peut-être gratuitement, à la sage prévoyance des papes; je ne me refuse point à croire toutes ces choses (1). Je le fais d'autant plus volontiers que la foi me paraît apporter dans le cœur de l'homme tant de consolations et une telle tranquillité, que je ne vois pas qu'on soit bien à plaindre d'avoir consenti à croire une chose même difficile à expliquer par la voie ordinaire de la raison humaine.

---

(1) Les personnes qui trouveront l'opinion émise plus haut un peu libre, reporteront leurs pensées vers les temps dont nous parlons, et en même temps elles jetteront un coup d'œil sur l'histoire contemporaine. Ce rapprochement leur permettra un raisonnement *à fortiori* qui fera juger moins sévèrement notre opinion. Ne voit-on pas, de nos jours, deux cents millions d'Indiens qui ont supporté pendant si longtemps le joug de cinquante mille Anglais, se révolter pour une misérable question de *graisse de porc!* Croyez-vous donc qu'on puisse offrir, toutes nues, aux regards stupides de tels animaux les vérités si simples, quoique si profondes, du christianisme? Ce que nous disons en ce moment des Indiens, il est plus que probable que l'on pouvait le dire des peuples qui, au moyen âge, occupaient les pays que nous habitons aujourd'hui.

Quoi qu'il en soit, Loreto a singulièrement servi pendant le moyen âge à la manifestation de la foi publique. Son trésor, dans lequel on n'a que trop puisé à diverses reprises, nous prouve, par ce qu'il en reste, que si nos ancêtres étaient peu disposés à l'incrédulité, ils avaient aussi autant de générosité et de dévouement que de persévérance dans leurs croyances religieuses.

J'ai donc perdu quelques illusions en visitant Loreto. Est-ce à dire qu'il en soit toujours ainsi des choses de la foi? point! Telle n'est pas ma pensée. Seulement j'aimerais à les voir dégagées d'une foule de contes inventés à l'adresse des gens grossiers, et qui nuisent singulièrement à la croyance des gens sérieusement catholiques.

Je ne suis point de ces chrétiens qui perdent la foi parce qu'ils auront vu un prêtre rire en disant la messe. Il me semble que la religion est aussi bien au-dessus des faiblesses humaines que des merveilles de la nature physique, et j'avoue que lorsque le christianisme m'apprend que chaque jour, à la table sainte, Dieu peut descendre dans mon cœur, je suis très-peu préoccupé de savoir si les anges ont porté ou non sur leurs ailes la *Santa Casa*, ou si la Vierge est apparue ou non aux enfants *de la Salette.*

Qui peut plus peut moins. Trouvez-moi un miracle plus étonnant que celui de l'eucharistie, et alors j'y regarderai peut-être à deux fois pour le croire!

Il faut être logique avant tout : vraiment un fou rire me prend, quand je vois des catholiques qui, par cela seul qu'ils sont catholiques, admettent des miracles aussi prodigieux que ceux de la *divine incarnation* et de la *présence réelle* de Dieu dans l'hostie sainte, se mettre l'esprit à l'envers pour savoir s'ils croiront ou non au miracle de saint Janvier, à celui de la Vierge de M. de Ratisbonne, etc. Cette manie si ridicule donne à penser que les miracles sont aux yeux du vulgaire comme les choses de la mode, auxquelles on n'attache plus d'importance dès qu'elles vieillissent.

Mais retournons à l'*albergho della Campana,* car nous finirions par offrir à M. Paul un cours de théologie au lieu d'un récit de voyage. Laissons le premier à messieurs de la Sorbonne, et tâchons de nous acquitter le mieux possible du second.

A peine descendu de ma *stanza,* je fus entouré par les *camerieri* de l'hôtel, qui s'offrirent à l'envi de me servir de *ciceroni.* J'eus de longs débats avec ces messieurs, dans le but de m'épargner leur fâcheuse compagnie. Ce fut en vain. Ici le voyageur est une mine d'argent; bon gré mal gré, il faut se laisser exploiter.

Je ne sais si tu seras de mon avis : je déteste qu'un faquin qui, la plupart du temps, ne sait pas aussi bien que moi les histoires qu'il me raconte, vienne me voler mes moments de loisir et de rêverie, dans le but de faire passer, de mon gousset dans le sien, quelques pièces blanches. Mille fois j'ai essayé d'acheter mon indépendance, en payant le cicerone pour qu'il ne me suivît pas, mais j'ai reconnu bien vite le mauvais côté de ce système ; car pour un cicerone éconduit, il m'en arrivait successivement un cent qu'il m'eût fallu persuader au même prix. J'y ai renoncé et me suis sacrifié, non sans me venger de mon geôlier par mon silence obstiné et des gestes de mauvaise humeur, manifestés à chacune de ses péroraisons.

Mais lorsque, accompagné de mon *impitoyable*, je me fus hasardé dans la rue qui mène à la *Santa Casa*, ce fut bien d'une autre.

— Monsieur, les jolies médailles, par-ci !

— Monsieur, voyez les beaux chapelets, par-là!

— Monsieur, c'est pour rien, deux paoli, trois paoli, quatre paoli... Voyons, étrennez-moi, mon petit monsieur, je n'ai rien vendu aujourd'hui !

— Vous n'avez rien vendu ?

Faquins , voleurs , marchands d'objets saints ! ! ! Si on leur abandonnait la *Santa Casa* ils la vendraient et revendraient pierre à pierre, et on ne verrait pas plus la fin de ces reliques, qu'on ne voit la fin de leur *simonie.*

Voilà pourtant, cher Paul, les gens qui peuplent Loreto. Qu'est-ce à dire? que la *Santa Casa* a choisi un vilain endroit pour y faire son dernier séjour?

Partout ailleurs, les choses auraient tourné

de même. Ce qu'il faut dire, c'est qu'entre les mains des hommes, les choses les plus respectables et les plus sacrées deviennent aussitôt des objets de scandale.

Je parie que si l'on découvrait le moyen de tirer des os des morts une matière précieuse, on verrait une foule de gens courir à leurs tombeaux de famille, pour y déterrer leurs chers parents et en orner l'étalage des boutiques à ossements humains, qui figureraient bientôt au rez-de-chaussée de chaque demeure !

La pensée est sévère pour la gente qui parle, mais, vraiment, mieux vaut encore accuser l'homme que Dieu. Bien des penseurs ont préféré s'en prendre au Créateur, des vices de sa créature ; mais puisque cette dernière a été placée libre dans ce bas monde, pourquoi ne pas la rendre responsable de ce qu'elle y fait ?

J'ai donc subi la tyrannie des marchands de

médailles comme j'ai subi celle de mon cicerone, et, décidé à tout supporter sans mot dire, je me suis rendu au lieu saint, but de mon pèlerinage. Je suis allé prier près des murailles sacrées qui ont abritèrent autrefois la mère du Sauveur.

Le cicerone m'a tellement ennuyé de détails circonstanciés sur le marbre qui entoure les murs antiques de cette maison sainte , sur le nombre de lampes d'or suspendues à son plafond, sur la porte et la fenêtre qu'on y voit, sur le nom de l'architecte qui a construit l'enveloppe dans laquelle on a jugé à propos d'enfermer cette relique si précieuse, que je ne me sens pas le courage de te redire la litanie de mon fâcheux. Si tu es patient, peut-être, dans le cours du récit, le bavardage naturel aux voyageurs m'arrachera-t-il quelques-uns des détails que je veux taire, pour les avoir sus d'une façon si désagréable. Si ta patience se lasse, ouvre le dictionnaire de M. Bouillet, le Guide-

Chaix, etc., et savoure ces pages pleines de descriptions aussi abondantes que consciencieuses. Si même tu as quelques heures dont tu puisses disposer, arpente le boulevard, et de boutique en boutique mets-toi en chasse d'une vue de Loreto, photographiée; peut-être y aura-t-on joint la photographie de l'intérieur et de l'extérieur de la *Santa Casa*; cela vaudra bien pour toi toutes les descriptions du monde, et moi je serai content, car je les ai en grande horreur et t'en voudrais beaucoup si tu t'obstinais à en exiger de ma faible plume.

Au surplus, voici en deux mots ce que je puis te dire de la maison de la Vierge. Elle se compose de quatre murs noircis par le temps, par la fumée des lampes et des cierges, et aussi par les attouchements pieux des pèlerins. On entre dans l'intérieur par deux portes dont une probablement a été faite après coup, car une maison aussi peu vaste ne devait guère avoir qu'une seule entrée. Deux autels sont placés, l'un dans le fond de la chambre unique de cette sainte demeure, l'autre à l'extérieur et à l'endroit d'une ouverture grillée, située vis-à-vis du premier autel. C'est là que la tradition raconte qu'était la fenêtre de la *Santa Casa*. Quant aux fondations de ladite maison, les anges les ont laissées en Judée; pourtant les murs seraient, suivant la tradition, restés pendant de longues années en équilibre, sans les assises qui leur manquaient et malgré les secousses qu'ils durent éprouver pendant les nombreux et longs voyages que fit la *Santa Casa* au commencement de l'ère chrétienne; toutefois, par plus de précaution, on a, depuis, pris le sage parti de les enchâsser dans l'enveloppe de marbre déjà connue, à laquelle ils adhèrent par leurs parois extérieures. Cette construction, qui est un vrai chef-d'œuvre, est d'une grande solidité.

Figure-toi maintenant une série de lampes d'or suspendues tout allumées autour du premier autel, une multitude de précieux *ex voto*, un plain-pied fait également en marbre, et après coup ; puis, pour terminer, un orifice au milieu du toit qui devait correspondre au foyer domestique de la divine habitante de ce sanctuaire, et tu auras une idée assez complète de ce que pouvait être autrefois et de ce qu'est aujourd'hui la *Santa Casa.*

Si l'esquisse que je te présente ne te paraît pas satisfaisante, cherche, dans les albums des voyageurs en Afrique, quelques croquis de maisons moresques ou arabes, et tu n'auras pas besoin de venir à Loreto pour connaître la maison de la Vierge.

Le type d'une maison africaine est parfaitement rendu par l'ensemble suivant : un rez-de-chaussée sans premier étage, une fenêtre regardant l'orient, une porte située près de la fenêtre et une ouverture au plafond pour le passage de la fumée du foyer, placé presque au milieu de la chambre, sur quelques pierres

maçonnées et dont le niveau s'élève de quelques centimètres au-dessus de celui du sol de
la pièce, ce sol dallé assez irrégulièrement,
lorsqu'on ne se contente pas de le former de
terre battue, enfin le susdit foyer occupant la
partie de la chambre opposée à la fenêtre; quatre
murs formant un carré et faits de pierres super-
posées sans aucun soin; une toiture plate, en
forme de terrasse, à laquelle on arrive par une
échelle.

Voilà la maison moresque, voilà la maison
africaine, voilà ce que rappelle ce qui reste de
la *Santa Casa.*

J'ai donc passé ma cinquième journée à
visiter en détail les richesses de l'église bâtie
pour servir d'abri à la maison sainte. Je t'engage, si tu viens à Loreto, à ne pas négliger de
voir consciencieusement toutes ces choses. Il
faudra aussi admirer le magnifique trésor at-
tenant à l'église: il renferme de fort belles

choses ; le tout a une valeur de plusieurs millions de francs. Je ne suis pas très-partisan de
ces masses de pierreries et d'objets d'or et d'argent enfouis ainsi dans une sacristie d'église et
qui, répandus parmi la foule des chrétiens, pourraient augmenter le bien-être général, satisfai-
sant ainsi à la grande loi de charité qui est le
point dominant de tout le système du christianisme.

Cependant, pour être juste, je te ferai remarquer que l'origine de ces trésors que l'on rencontre ainsi dans les lieux saints de la chrétienté
fut une pensée éminemment évangélique. On
les avait destinés, dans le principe, comme tous
les biens d'église, à être le patrimoine des pauvres.

Quantum mutatus ab illo!

Mais au contact de notre triste humanité, les
meilleures institutions deviennent promptement

des moyens nouveaux de faire le mal, et les choses les plus saintes ont toujours fini par avoir une destination tout opposée à leur objet primitif. N'en prenons point occasion de crier contre l'Église ; ce n'est point en attaquant l'Église que nous sauverons le catholicisme. Laissons à Dieu le soin de punir ceux qui cnt mérité sa colère divine ; laissons-lui la direction des révolutions que depuis plus de cinquante ans nous avons entrepris de mener à bonne fin ! Lorsque Dieu appesantit sa main sur les nations ou sur des corporations humaines, à côté du châtiment, sa providence place toujours un infaillible remède aux maux qu'il veut chasser de la terre.

Pour la raison que je viens d'indiquer, je ne dirai rien des chanoines attachés à l'église de Notre-Dame de Loreto. A certaines gens ils paraîtront trop gras et trop riches ; moi, je les ai vus célébrer les saints mystères, et à quelques-uns d'entre eux j'eusse souhaité comme une grande faveur du ciel de les voir transportés sous le règne de Néron ou de Julien l'Apostat. Mais Dieu a promis de ne jamais abandonner son Église, et si le temps des Néron et des Julien est à jamais passé, il existe mille moyens dont dispose à toute heure la justice divine de ranimer la foi attiédie par un trop grand bien-être matériel.

Prions donc une dernière fois, cher Paul, agenouillés près des parois sacrées de la *Santa Casa*, prions pour l'Église, qui a plus que jamais besoin que Dieu l'éclaire au milieu des temps de révolution qu'elle traverse; prions Dieu qu'il lui envoie l'esprit de sagesse politique avec l'esprit de vérité qui ne lui doit jamais faire défaut en matière de religion; prions enfin Dieu d'apprendre aux catholiques qu'on peut être à la fois démocrate et bon catholique, et aux démocrates, que le progrès que plusieurs d'entre eux cherchent en vain dans la révolution n'existe que dans le catholicisme.

Après avoir prié et nous être approchés du
prêtre chargé de faire toucher les médailles et
les chapelets que chacun apporte aux saintes reliques et aux murailles noircies de la Santa Casa;
après avoir fait notre petite offrande à ce bon
père qui ne nous en saura point mauvais gré,
allons admirer, hors la ville, le beau panorama
que présentent les environs de Loreto. Du point
culminant de cette ville on aperçoit, quand le
temps est clair, les montagnes de l'Albanie,
dont les cimes neigeuses semblent sortir, à l'horizon, du milieu des flots de la mer Adriatique;
puis, à droite et à gauche, le regard rencontre
une infinité de petites collines qui sont les dernières sinuosités de la grande chaîne des Apennins. Derrière se voient des monts plus élevés,
et en face de ces monts cet immense golfe qui
sépare les rivages de Grèce de ceux de l'Italie. La campagne de Loreto offre un aspect des
plus charmants; la culture est très-développée
en ce pays, et on y remarque beaucoup de
vignobles. Les paysans y paraissent heureux et
contents, et si n'était les gens de Loreto qui sont

un ramassis de fainéants, de faquins et de vendeurs de chapelets et de médailles, en somme la *Santa Casa* n'aurait pas trop de chemin à faire pour améliorer son dernier séjour.

Sur ce, disons adieu à Loreto, cheminons avec *Frisé* dans la direction de Rome, et tirons le meilleur parti possible des journées qui vont suivre.

SIXIÈME ET SEPTIÈME JOURNÉES.

Cette sixième journée et la suivante ne présentant aucun intérêt, puisque nous les avons employées à revoir des lieux déjà connus de nous, nous nous contentons de les nommer pour la régularité de la chose, et d'ajouter qu'à notre passage à Camerino et à Spoleto, il ne nous arriva rien qui soit digne d'être noté. Nous revîmes l'inspecteur de police, qui fut encore plus aimable pour nous que précédemment, et nous trouvâmes nos lits de Spoleto tout aussi confortables que la première fois, avec cette différence cependant que Frisé commençait à se plaindre de la longueur du pèlerinage que je lui avais imposé. Je fus dès lors obligé de le laisser aller au pas tout à son aise, ce qui allongea de quelques heures nos étapes et me procura l'agrément d'une courbature dont je me serais bien passé. Quand nous faisions nos quinze lieues en cinq ou six heures, la corvée n'était pas longue ; mais lorsqu'il en fallut de dix à douze pour faire ni plus ni moins de chemin qu'avec cinq, la dose de fatigue devint trop forte, et partant le voyage moins agréable.

HUITIÈME JOURNÉE.

Aussi, une fois arrivés à Terni, je me gardai bien de prendre par le grand détour de Civita-Castellana, et je suivis la route peu fréquentée, mais plus courte, de la *Sabina*.

Le pays qu'on appelle la Sabina est situé dans le quadrilatère formé par la chaîne des Apennins et les trois vallées de la *Nera,* du *Tibre* et de l'*Anio.* C'est, à mon avis, l'endroit le plus malsain et le plus triste de tous les États pontificaux, la campagne de Rome exceptée. Des vallons incultes de la Sabina s'élèvent continuellement de pernicieux brouillards qui portent la fièvre partout où ils vont; leur humidité triomphe des vêtements les plus épais, et les poumons qui les respirent ont grand'peine à y résister. Pour ma part, si ce n'était le plaisir qu'on éprouve à parcourir des contrées qui nous sont inconnues, je regretterais fort les heures que j'ai passées dans la Sabina, car j'en ai rapporté un malaise physique qui m'a forcé à garder le lit pendant deux semaines. A douze milles de Terni seulement j'ai rencontré dans ces montagnes si désertes quelques maisons connues sous le nom de *configno;* de là il m'a fallu faire à peu près le même chemin avant d'arriver à Candalubo, le premier village que le voyageur trouve sur cette route après Terni.

Je n'ai pourtant pas atteint Candalubo pendant ma huitième journée; Frisé était tellement fatigué des côtes nombreuses qu'il avait fallu monter et du brouillard qu'il respirait, que je me vis forcé de mettre pied à terre et de marcher l'espace de plusieurs milles; Frisé me suivait clopin-clopant, et l'on pouvait se demander, à voir les efforts que je faisais pour le faire avancer, si le cavalier n'était pas plus utile au coursier que le coursier au cavalier. Mais sur la route il n'y avait que nous de passants; personne ne remarqua donc mon embarras. Je fis près de trois milles sans trouver une cabane, si misérable qu'elle fût, et je commençais à me croire perdu dans ces montagnes désertes, lorsque des lumières et des voix humaines vinrent me rassurer.

Une modeste osteria, placée sur le grand chemin, nous servit d'abri jusqu'au lendemain. Mais quelle auberge! je n'y pus avoir un seul grain d'avoine pour *Frisé*, ni même deux brins de paille; force lui fut de se contenter d'une poi-

gnée de mauvaise herbe que l'aubergiste déco-
rait du nom de foin.

Quant à moi, j'eus pour mon souper du pain
noir, des saucisses enfumées, du jambon grillé,
un vin ayant goût de vinaigre et une eau où
certainement, au microscope, on aurait vu nager
des baleines, car à l'œil nu on y découvrait
tout un monde de petits animaux aquatiques.
Pour comble de bonheur, lorsque je demandai
un lit, on m'annonça un compagnon avec lequel
je devais partager cette couche, la seule de l'é-
tablissement. Je me refusai tout net à suivre cet
usage de troupier, et mon camarade de lit,
commis voyageur italien, dont je n'ai jamais vu
l'égal en fait de politesse, et qui parcourait la
contrée avec un petit cheval *mirmidon* attelé à
une voiture faite pour un tel coursier, consentit
à me céder sa part de matelas. J'acceptai, me
retirai dans ma chambre et m'y barricadai, non
sans mettre sous l'oreiller mes chers pistolets,
avec lesquels j'aurais fait *causer* l'hôtelier pour

un *si* ou pour un *non;* car lui et les siens me paraissaient plutôt des brigands installés dans une maison de la grand'route, que d'honnêtes aubergistes occupés du soin d'héberger les voyageurs attardés.

Le lendemain, je déjeunai à peu près comme j'avais soupé la veille ; mais je vis au jour la figure de mon hôte, et il me parut moins brigand qu'il ne m'avait semblé tout d'abord, surtout lorsqu'il me réclama la faible somme de trente sous comme paiement de son hospitalité princière.

Se non è bono, non è caro,

m'écriai-je, et je saluai le brave homme, en l'engageant à se procurer de l'avoine, de la paille, du vin, de l'eau, de la viande, des carreaux de fenêtre, et à faire secouer les draps de son lit, où j'avais trouvé des compagnons moins discrets que le commis voyageur.

C'est ainsi que se termina la journée et que commença celle où je me replongeai avec délices dans le confortable de Rome, après les privations de toute espèce que j'avais endurées dans mon trajet à travers la Sabina.

Ce qui prouve, en passant, que l'homme n'apprécie bien les choses que par comparaison, et devrait nous donner envie, si nous étions sages, de rompre de temps à autre la monotonie du bien-être matériel par des pénitences volontaires qui nous mettraient bien plus à même d'apprécier les jouissances dont nous aurions été sevrés un moment. Un tel système serait un grand raffinement de matérialisme.

NEUVIÈME JOURNÉE.

J'atteignis, le lendemain, assez vite le *Candalubo*, déjà nommé.

C'est un mauvais village situé sur une hauteur, où campèrent les troupes françaises pendant

la guerre que les républicains de 1793 firent
aux États de l'Église.

Je ne fis que traverser *Candalubo*, malgré
les insinuations de *Frisé*, qui semblait me dire,
par la façon dont il regardait chaque maison :
« J'ai fort mal déjeuné ce matin, et je ne serais
pas fâché de prendre quelque chose de plus
restaurant que le foin et l'eau claire de l'aubergiste de la grand'route. »

Mais à Candalubo, on ne trouve point d'a-
voine, et je me vis forcé de rudoyer mon pauvre
compagnon, dans l'impossibilité où j'étais de
lui faire comprendre notre situation et la nécessité de presser le pas pour gagner le plus tôt
possible Rome, notre dernière planche de salut.

Je ne te décrirai pas le pays que j'ai traversé après Candalubo, en conscience, je ne le
pourrais ; un épais brouillard m'a constamment
caché les paysages environnant la route. C'é-

tait le brouillard si malsain dont je t'ai parlé précédemment.

J'ai commencé à apercevoir quelque chose lorsque je fus arrivé sur les bords du *Farfalo*, petit torrent que je traversai sur un pont que le ruisseau s'est construit lui-même, en perçant à jour la colline où serpente la route. De là, je passai à *Correse*, petite ville située près de la grande vallée du Tibre, sur les limites de la chaîne de la Sabina.

Puis j'entrai dans la plaine qu'arrose le fleuve aux blondes eaux; je fis une halte à une assez chétive *osteria* perdue dans ces déserts; *Frisé* froissa sous sa dent quelques brins d'une herbe sèche qu'on lui offrit, comme toujours, en guise de foin, et moi je mis sous la mienne un morceau de pain noir humecté d'un verre de lait.

Le lait est encore, dans cette région ingrate et abandonnée, la boisson la plus supportable.

Cela me rappelle un trait d'un vacher auquel je demandai la faveur de quelques gouttes de ce liquide. Cet homme m'en présenta aussitôt un verre, et lorsque je voulus payer sa peine, il repoussa ma main en me disant :

« Che vale questo! niente affatto!...
Ella non s'incommodi, ho piacere in servirla ! »

Rare désintéressement dont ne tiennent pas assez compte les voyageurs qui parcourent l'Italie. Quelle différence entre la conduite de cet homme et celle des mendiants de Rome!

Voilà, cher Paul, mon voyage de Loreto, tel qu'il se passa.

Je suis rentré à Rome avec moins d'enthousiasme dans l'esprit que je n'en avais au départ. Il en est toujours ainsi de toutes les choses de ce monde. C'est sottise que d'aller voir de trop près l'arche sainte. L'imagination de l'homme est si productrice et si féconde, que la réalité sera toujours au-dessous des fictions que nous aurons imaginées de loin. Est-ce à dire que les objets sacrés de la religion ne soient que des châteaux de cartes élevés avec art pour tromper nos yeux, mais destinés à s'écrouler dès qu'on y met la main?

Une telle conclusion serait peu consolante pour l'homme et bien injurieuse pour la Divinité. Les choses du ciel ne vont pas ainsi. Mais nous sommes si loin d'en comprendre l'esprit, que toutes les fois que nous voudrons les étudier de près, à la seule lumière de notre raison, cet examen nous conduira de déception en déception jusqu'au doute du scepticisme. Le meilleur est donc, en fait de religion, de ne rien chercher à comprendre et de laisser à la Providence le soin de guider notre barque fragile, sur cet océan qui nous est inconnu et qui a pour rivage *l'infini.*

Pour le coup, tu vas me croire partisan d
l'ignorantisme. Mais je borne l'opinion que je
viens d'émettre au seul terrain de la religion ;
si tu me transportes sur celui de la philosophie
ou de la politique, je prêcherai une tout autre
doctrine. Selon moi, en religion, il faut *croire*
avant tout, tandis qu'en philosophie il faut com-
mencer et finir par *douter*. En fait de choses
religieuses, il faut s'en rapporter à la grâce, à
la parole de Dieu et à l'Eglise ; en fait de choses
philosophiques, il ne faut se fier qu'à sa propre
raison et rejeter tout ce qu'elle n'admet pas ;
enfin en matière politique, on doit n'en croire
que ses propres yeux, et voir le monde non tel
qu'on le désire ou qu'il devrait être, mais *tel
qu'il est*.

Croire *quand même* et jusqu'à la mort ! voilà
le dernier mot de la religion.

Douter des *effets*, douter des *causes*, douter
de *tout* ! voilà le dernier mot de la philosophie.

Savoir observer, savoir agir ! voilà toute la politique.

Mais revenons à notre thème, malgré la permission que nous nous sommes octroyée de le varier de temps à autre par des modulations philosophiques.

J'ai terminé mon pèlerinage à Loreto, et quoi que j'aie dit précédemment, je me félicite d'avoir fait ce voyage. Seulement, pendant les longues heures que j'ai employées à guérir ma courbature et ma fièvre prise dans les montagnes de la Sabine, j'ai donné à mon opinion sur cette excursion la conclusion suivante, qui terminera cette lettre déjà très-longue : c'est que s'il est absurde de se travestir *en pèlerin*, pour aller à une partie de plaisir, il ne l'est pas moins de partir, pour un lieu de pèlerinage, sous l'habit mondain du touriste.

Que cette dernière réflexion te serve de guide,

dans la lecture de mon épître, si tu as la patience de la relire, et tu y trouveras la clef de
l'embarras où je me suis vu plus d'une fois,
pour concilier la croyance du catholique avec
la logique du philosophe.

Il est pourtant un sujet à propos duquel ces
deux personnages n'ont jamais été en désac-
cord, c'est lorsqu'il s'agit, mon cher Paul, de
t'exprimer les sentiments d'affection de

Ton ami

ARTHUR.

VINGT-SIXIÈME LETTRE

Rome, ce 15 avril 1854.

Mon cher Paul,

Les cérémonies de la semaine sainte seront le sujet de cette lettre. La matière vaut certes la

peine qu'on la traite de main de maître. Quel
beau spectacle, en effet, que ces fêtes religieuses
qui ont pour théâtre la ville éternelle, pour acteurs les successeurs des apôtres, et pour spectateurs les représentants de toutes les nations de
l'univers!

A te parler franchement, cher Paul, la tâche
me paraît bien lourde! Je me vois placé entre deux
écueils : la foi m'invite à me laisser halluciner
par toutes ces pompes, qui ne sont, en définitive,
que des ornements dont on pare la pensée religieuse; la raison m'ordonne de séparer la forme
de l'idée.

Si j'obéis à la foi, j'imite ce vulgaire stupide
qui se prosterne devant la matière qu'il adore,
et détourne son regard de la vérité, si on la
lui montre toute nue.

Si j'écoute la raison, on m'accusera de porter
une main sacrilége sur l'arche sainte, mon livre

sera mis à l'index, et les mères en défendront la lecture à leurs filles. Pourtant un écrivain a sa conscience : la plume d'un auteur doit-elle être un instrument de mensonge? D'un côté, si la censure se fâche, comment faire? Je ne puis pourtant pas réunir un concile pour examiner chaque *bouquin* qu'il me plaira de lancer par le monde!

Tu vois, mon cher Paul, que l'on est souvent fort embarrassé pour dire sa façon de penser, surtout lorsque l'on veut se garder des exagérations, soit dans le sens de la superstition, soit dans celui du scepticisme.

Quoi qu'il en soit, je me hasarde sur ce chemin semé de tant d'obstacles, et je dirai les choses telles qu'elles m'ont paru.

Au surplus, nous abrégerons nos réflexions le plus possible, notre intention n'étant point de redire ces mille détails de cérémonies qui sont connues depuis longtemps de l'univers entier.

Ce qui frappe le plus le regard de l'étranger, dans les offices de la semaine sainte, c'est d'abord la procession des Rameaux, puis le *Miserere* de la chapelle Sixtine, la communion et la cène du jeudi saint, et enfin la grand'messe du dimanche de Pâques.

La procession des Rameaux se fait avec autant de pompe que celle de la Fête-Dieu; le pape y prend également part, et la place de Saint-Pierre en est encore le théâtre.

Tout le haut clergé romain, accompagné du sénat conservateur, des autorités de la ville sainte, des gardes-nobles, des Suisses et des troupes de ligne, fait en grand apparat le tour des fameuses colonnades de la place Saint-Pierre. Une longue série de moines et de congrégations vient augmenter le personnel de la procession.

On cherche le plus possible à rappeler par cette cérémonie l'entrée du Christ à Jérusalem ; le rapprochement est facile à faire, en voyant son illustré vicaire entouré de la foule du peuple qui s'incline avec respect à son passage, et en entendant le *hosannah* des lévites qui grossissent le cortége sacré. Il n'est pas jusqu'aux branches de palmier que l'on voit flotter au-dessus de toutes ces têtes découvertes, qui ne viennent aussi ajouter un caractère de tradition à cette fête vraiment chrétienne.

Si ce n'était la voix des cloches, le bruit du canon, les paroles latines et la musique militaire, on se croirait sans peine transporté au milieu du peuple juif, à l'époque où Jérusalem fêtait avec tant d'enthousiasme le Sauveur, que ses fils déicides devaient crucifier quelques heures plus tard.

A propos des *palmes* de tout à l'heure, elles viennent en grande partie du royaume de Valence, où l'on en fait un commerce fort étendu avec les pays étrangers.

Une jeune Italienne m'a fait cadeau de la sienne, et je t'en ferais volontiers hommage, mon cher Paul, sans l'inconvénient du transport. Cette palme a six pieds de haut, et je prévois qu'il me sera impossible de lui donner asile dans aucun de mes coffres de voyage.

Le *miserere* de la chapelle Sixtine se chante à grand orchestre d'orgue et de musiciens. Les *dilettanti* estiment fort ce concert sacré. J'avoue que je n'ai jamais rien entendu d'aussi beau, ni à l'Opéra, ni même au Théâtre-Italien.

Au surplus, les chœurs d'église sont admirablement organisés à Rome ; je ne sais si les accords harmonieux de tous ces virtuoses italiens

sont plus agréables à Dieu que les *vociférations*
de nos gros chantres de campagne ; Dieu a probablement une manière de juger les choses bien
différente de la nôtre ; en tout cas, au point de
vue de l'art, on doit éprouver et on éprouve de
grandes jouissances à venir assister aux offices
qui se célèbrent à Rome.

Je n'ose pas dire, comme une femme de ma
connaissance, que la belle musique et les solen-
nités religieuses élèvent l'âme vers le ciel, car
les puritains du protestantisme me répondraient,
en grognant, que de telles choses sont bien plutôt faites pour nous pousser à une exaltation
plus voisine du sensualisme que de la vraie piété.
Mais ce que j'affirme, c'est que ces délicieux
concerts de chants religieux offrent à nos catholiques des jouissances ineffables qui seront
toujours inconnues au froid puritanisme.

Au surplus, à moins de se transporter en Al-
lemagne, la papauté ne pouvait choisir de meil-

leur théâtre que l'Italie, pour donner au monde
le spectacle sacré de ses fêtes religieuses. Ici
tout homme naît avec le sentiment musical développé au plus haut degré.

Sans orchestre et sans instruments, les dévots
romains se réunissent parfois le soir, en groupes,
aux pieds des madones que l'on voit à chaque
coin de rue, et, le front penché vers le sol, ils
unissent leurs voix pour chanter les litanies et
donner ainsi à la Vierge un concert que souvent
on serait bien heureux d'avoir à prix d'argent,
dans notre salle Herz de Paris, voire même au
Conservatoire.

Avant de te parler du *jeudi saint*, il convient
que je t'explique la façon dont il faut s'y prendre,
quand on veut ne rien perdre des cérémonies de
la semaine sainte.

Premièrement, on doit se rendre quelques
jours à l'avance à son ambassade, où des billets

sont réservés pour les étrangers qui se trouvent à Rome à cette époque. Ces billets donnent droit aux places des estrades établies en amphithéâtre dans l'intérieur de Saint-Pierre de Rome, où se passent la plupart des cérémonies en question. On n'est pas toujours bien placé, il y a différentes catégories comme partout : d'abord les loges des souverains étrangers, celles du corps diplomatique, puis les bancs destinés aux femmes des grands seigneurs romains, et enfin ce qui reste pour le commun des porteurs de billets.

Si vous ambitionnez quelque chose de mieux que la place obtenue par la faveur de votre ambassade, il faut aviser aux petits moyens, c'est-à-dire, si vous êtes chevalier de Malte, ce qui n'est pas fréquent parmi les Français en voyage à Rome, endossez l'habit de l'ordre ; alors vous serez traité en prince et pourrez circuler partout où bon vous semblera ; si vous n'avez point d'uniforme à revêtir, alors briguez la protection de quelque gros bonnet, qui forcera les consignes pour vous livrer passage, et que vous aurez soin de ne pas laisser s'éloigner de vous seulement à la distance de deux pas, si vous ne voulez qu'un flot de solliciteurs ne vous rejette pour toujours dans la foule dont vous aspirez à sortir.

Si vous n'avez personne qui vous protége, tâchez de gagner les bonnes grâces de quelque *suisse* ou de quelque domestique de cardinal ; ces bonnes grâces-là s'obtiennent par l'entremise du *scudo*, et si le moyen ne vous réussit pas, soyez certain que vous devrez vous en prendre bien plus à votre porte-monnaie qu'à votre peu de chance.

Au surplus, si de pareils moyens répugnent à votre conscience, ce qu'on ne saurait trop louer, ou même s'ils répugnent encore plus à votre bourse qu'à votre conscience, ce qui n'est pas rare ; ne voulant pas payer comme le veut la

coutume, payez d'audace, et il peut se faire
que vous arriviez au même résultat.

J'ai connu un abbé de beaucoup d'esprit qui,
par le moyen que je viens d'indiquer, a pu
suivre en simple rochet toute une procession, au
milieu du cortége des cardinaux. Personne ne
songea à lui demander s'il avait rempli les for-
malités indiquées plus haut.

Ceci me rappelle encore un trait d'audace
digne de figurer à côté du premier, sur lequel
il a l'avantage d'une grande originalité. Un
Romain, aussi distingué par ses talents littéraires que par la vivacité de son esprit, en fut
le héros. C'était à l'époque de l'enterrement du
dernier pape : la cérémonie se passait de nuit,
selon l'usage, à Saint-Pierre de Rome. Les trois
cercueils dans lesquels on a l'habitude de mettre
successivement le corps du pontife défunt,
étaient placés près du maître-autel. La personne
en question, après s'être introduite dans l'église,

avec la suite d'un cardinal, ne sachant plus quel poste occuper pour profiter tranquillement de sa petite fraude, eut l'heureuse idée de se placer dans le dernier des trois cercueils, d'où, parfaitement caché, il put voir sans être vu, tous les détails des funérailles. On avait déjà fait usage du premier cercueil, et le hardi spectateur attendait avec impassibilité la fin des cérémonies pour sortir de sa cachette, où grâce à la longueur des offices, il aurait pu rester encore assez longtemps en observation, lorsqu'un Suisse malencontreux ayant aperçu quelque chose qui se remuait dans le susdit cercueil, s'approcha d'un air belliqueux, et saisissant notre curieux par le bras, le força à sortir de sa retraite et lui fit perdre ainsi tous les bénéfices d'un stratagème aussi hardiment imaginé.

— « Mais je sortirai, dit-il au Suisse, lorsqu'on enlèvera le second cercueil.

» — Comment, s'écria avec indignation le

fils de l'Helvétie, mais on va mettre le pape là-dedans ! »

Le Suisse s'emporta, jusqu'à vouloir en venir aux voies de fait. Il fut impossible de lui faire entendre raison. Force fut au monsieur de renoncer à son ingénieux expédient.

Ne crie pas au sacrilége, Paul : je te jure que notre Romain n'était poussé que par un désir de curiosité bien naturel. On ne voit pas enterrer des papes tous les jours. Ne crois pas non plus que je t'aie raconté cette histoire dans une mauvaise intention ; je ne te l'ai dite que pour ajouter la réflexion suivante d'un garde-noble du pape, réfléxion qui m'a paru mille fois plus intéressante que la colère du Suisse : — « Veuillez sortir d'ici, monsieur ; vous auriez pu y rester un peu plus longtemps, mais il fallait vous mieux cacher ! »

Enfin, lorsqu'il n'y a pour vous, pauvre

étranger, aucune protection d'aucune espèce, mettez votre habit noir et traversez la foule des prolétaires qui remplit le bas de l'église : le factionnaire, destiné à séparer la bonne de ce qu'on appelle la mauvaise compagnie (expression que je blâme), vous livrera passage et vous pourrez, en vous haussant sur la pointe des pieds, voir quelque chose de ces magnifiques cérémonies qu'il n'est donné de connaître entièrement, non pas qu'aux gens les plus vertueux de la ville sainte, mais seulement aux personnages le plus haut placés dans le monde politique.

Moi, j'employai le moyen de l'habit noir, et y ajoutant quelques coups de coude et un tant soit peu de persévérance, je parvins à me glisser jusqu'auprès de la balustrade qui séparait le parterre des banquettes privilégiées dans Saint-Pierre de Rome. C'est ainsi que j'assistai aux cérémonies du jeudi saint et du dimanche de Pâques. J'aurais pu être mieux placé, car j'ai quelques bons amis à l'ambassade ; mais je dé-

teste mettre mes amis à contribution, et j'ai pour
principe qu'il est imprudent de trop user de
ces amitiés que l'on s'expose à perdre bien vite,
pour les avoir voulu mettre à l'épreuve.

Parlons du jeudi saint. Trois choses m'ont
fort intéressé dans cette journée si solennelle de
l'année chrétienne. La communion donnée par
les mains du saint-père à quelques fidèles
choisis pour la circonstance, puis *la lavanda
degli apostoli* ou l'ablution des pieds de treize
moines mendiants auxquels le pape fait ce que
fit Notre-Seigneur à ses apôtres avant la Cène
du jeudi saint, et enfin le repas donné par le
successeur de saint Pierre à ces mêmes moines
qui figurent les compagnons que Notre-Seigneur
avait élus entre tous pour prêcher sa doctrine
divine.

Je passerai sous silence la première de ces
trois cérémonies; parlons des deux autres, qui
offriront plus d'intérêt pour le lecteur. Les

moines en question auxquels le pape lave les pieds, sont au nombre de treize; on n'a pas voulu apparemment rayer Judas de la liste des apôtres, ce qui se conçoit bien, puisque le jeudi saint, il ne s'était point encore séparé de Jésus. On n'a pas osé non plus supprimer l'apôtre qui remplaça cet infâme déicide, de façon que les apôtres, au lieu d'être figurés par douze moines, le sont par treize.

On fait asseoir ces treize personnages sur un banc établi sur une estrade, de façon qu'un espace assez grand qu'on a ménagé devant ce banc, laisse le passage libre au saint-père et à sa suite.

Quand le moment solennel est venu, on a soin de faire déchausser nos moines par des ecclésiastiques inférieurs, et le pape passe devant chacun d'eux, tenant d'une main un linge, et de l'autre une grande burette en or; un bassin également en or est placé sous les pieds du moine, que le pape presse légèrement avec le linge désigné, et c'est ainsi qu'il en est de moine en moine, depuis le premier jusqu'au dernier. Toute cette cérémonie s'accomplit d'une façon fort digne, fort grave, et se termine comme elle se commence, au milieu des révérences ecclésiastiques que nous sommes habitués à voir se renouveler, chaque dimanche, dans les églises au moment du *Credo*.

Cette cérémonie sainte une fois terminée, le saint-père chante un *lavabo manus* et se rend dans une vaste salle située au premier étage des bas côtés de Saint-Pierre; c'est là qu'un splendide festin attend les heureux représentants des apôtres, auxquels le *servus servorum Dei* tient lieu à la fois et d'échanson et de pannetier. Les choses se passent dans le plus grand ordre, malgré l'abondance des mets et des vins exquis que plus d'un des spectateurs en habit noir voit passer à sa barbe, de l'office à la salle du festin. Le saint-père fait grandement les choses,

et je pense qu'une fois les treize moines ras-
sasiés, et le saint-père parti, il doit y avoir
plus d'une discussion, pour le partage des
miettes de pain et des restes, entre ceux qui,
moins heureux que les moines élus, ont joué
leur rôle à jeun dans cette imposante cérémonie.

Le jour où j'assistai à ces offices, j'en fus
vraiment édifié; et je n'aurais pas eu le plus
petit mot pour la critique, s'il n'y avait eu à
la fin une sorte de débandade comme après
une bataille perdue, qui mit fort en péril certaines belles dames trop imprudemment enga-
gées dans l'étroit escalier qui menait du bas
de l'église à la salle en question.

En général, il faut rendre au clergé romain
la justice, qu'il sait maintenir beaucoup d'ordre
et d'ensemble dans toutes les cérémonies catholiques dont il donne aux étrangers le spectacle
sacré. Pourtant j'ai fait à ce sujet une remarque, c'est qu'autant on doit admirer la bonne

disposition de toutes ces fêtes, autant on a le droit de s'étonner de la confusion qui leur succède instantanément, lorsqu'un chacun regagne sa sacristie respective.

On voit çà et là des laïques qui s'entretiennent familièrement et à haute voix auprès des bénitiers; des *monsignors* qui forment groupe dans l'église et ne se gênent point de se raconter des choses qui les font rire; il n'est pas jusqu'aux cardinaux qui ne fassent un bout de causette avec leurs *laquais-capricornes* qui leur apportent leur mantelet et le sac de rigueur où l'on place les habits de cérémonie. A ce sujet, je dirai deux mots de la manière dont les cardinaux traitent leurs domestiques; la chose en vaut la peine.

A Rome, un domestique de cardinal est un grand personnage qui a ses protégés, ses amis haut placés et son droit d'intervention dans toutes les affaires du maître. Cela ressemble assez à ces vieux serviteurs de l'ancien régime qui vous grondaient fort bien et de la belle manière leur seigneur, quand ce dernier se permettait de leur ordonner un service qu'ils ne se souciaient point de rendre. La chose avait du bon et je ne blâme point cette douceur de mœurs qui fait que les gros bonnets de la cour de Rome ne dédaignent point de causer familièrement avec des serviteurs qui, après tout, sont des hommes comme eux et leurs frères en Jésus-Christ.

Ce que je blâme, c'est que cette confiance fort évangélique a parfois de fâcheux résultats, en ce qu'elle donne naissance à une foule de commérages, d'intrigues, de passe-droits dont le *laquais-confident* devient immédiatement le canal.

Je ne crois pas que tous les cardinaux suivent cette habitude que l'on remarque chez quelques-uns de leurs collègues, vieux et infirmes, et qui sont par là même portés à mieux traiter des serviteurs qui deviennent des compagnons de chaque moment, à cause de leur métier obligé de garde-malade et d'infirmier.

Sans doute, le pédantisme et la morgue aristocratique est la plus sotte chose du monde, et ces messieurs de Rome agissent très-chrétiennement en traitant avec douceur et bonté ces pauvres gens qui sont nés pour servir, et ont été, par leur naissance, privés de tant d'avantages sociaux. Cette conduite des cardinaux ne sera pas imitée par plus d'un rigide républicain qui ne craindra pas de rudoyer ses gens, une heure après avoir serré la main de l'ouvrier de sa commune dont il espère avoir le vote aux futures élections. Mais en tout il faut savoir mettre une limite, et j'ai signalé l'abus dont je parle plus haut, parce que réellement il existe à Rome. C'est du reste un peu le résultat du caractère italien, essentiellement démocratique, malgré les formes aristocratiques qui ont

survécu en ce pays aux tempêtes de 1793.
Cet esprit démocratique va même si loin, que
les étrangers ne craignent pas d'accuser les
Italiens de manquer de dignité dans certaines
circonstances, et de trop sortir du rang où les
placent leur naissance ou leur fortune. Il est
vrai qu'ils sont parfois à blâmer sous ce rapport, si c'est un crime que de faire fi de cette
ridicule étiquette que nous estimons plus en
France et surtout en Angleterre, que bien
des lois essentielles du christianisme. A la
place des Italiens, non-seulement je ne verrais
pas dans un tel reproche une offense, j'y trouverais même l'éloge le plus flatteur que l'on
puisse faire de mes idées. Quoi qu'il en soit, je
m'en fus comme les autres à mon logis, le jeudi
saint, après le festin de la *Cène*, et je ne
retournai à Saint-Pierre que le dimanche de
Pâques, pour assister à la grand'messe et à la
communion pascale, dont je vais dire deux
mots.

Rien n'est plus beau que la grand'messe de Pâques célébrée par le saint-père, ou tout au moins sous la présidence de ce dernier, qui n'a pas toutes les fatigues de la cérémonie, car il reste les trois quarts du temps assis sur un magnifique trône placé en face du grand autel papal (je le nomme ainsi, parce qu'il est réservé au saint-père, qui seul a le droit d'y officier). Au moment de la consécration, le pape s'avance vers ce même autel, bâti au-dessus des tombeaux des apôtres Pierre et Paul, et prononce lui-même les paroles sacrées, en élevant successivement l'hostie et le calice au-dessus de sa tête. Enfin, quand arrive la communion de l'officiant, elle se fait d'une manière toute particulière, que je ne passerai pas sous silence. Un tube en or est placé dans le calice, et le saint-père y boit, en l'aspirant au moyen de ce tube, le vin consacré; puis le tube sert alternativement à tous les cardinaux et aux évêques officiant avec le pape, qui prennent ainsi part à la communion du saint-père.

J'achèverai ce récit en te racontant, mon cher Paul, la manière dont se fait la communion pascale à Rome.

Les fidèles qui n'ont pu remplir, le jeudi saint, ce pieux devoir, se rendent aux différents autels de Saint-Pierre, où des prêtres à poste fixe ne font par autre chose, pendant toute la matinée, que de donner la sainte communion à ceux qui s'approchent de la table sainte.

Ce qui m'a paru fort bizarre dans cette cérémonie, d'ailleurs la plus imposante du catholicisme, c'est l'habitude où l'on est ici de délivrer au communiant un billet que les gens de Rome se prétendent obligés de présenter à leurs curés respectifs, en témoignage d'accomplissement du devoir pascal. Je ne sais ce qu'il y a de juste dans ce dire, quoique j'aie entendu certains Romains se plaindre qu'ils seraient exposés, sans cette formalité, à de grandes vexations. Ce que je sais, c'est qu'avant l'époque des Pâques, il est fait, par les prêtres de chaque paroisse, une tournée dans les maisons desdites paroisses, en manière de recensement, qui sert à faire constater le nombre des communiants ou des abstenants. J'ai peine à croire que l'on oblige ainsi des chrétiens à communier, bon gré mal gré, car enfin ce serait les faire tomber dans le plus détestable des sacriléges. Si ce système des billets de communion est tout simplement un moyen de savoir l'état des consciences de la ville sainte, ce moyen, qui me paraît d'ailleurs peu efficace, ne saurait être blâmé en soi; si, au contraire, c'est une mesure de police ecclésiastique, il est pénible de voir donner d'une main le corps du Sauveur, et de l'autre un papier timbré en manière de certificat de bonnes Pâques.

Quant à la véracité du fait du billet de communion, je la garantis, car j'en ai un en mon pouvoir, qui m'a été donné à Saint-Pierre de

Rome et dont je joins ici le *fac simile*, pour te donner une idée très-nette de l'original :

Qui manducat meam carnem, et bibit meum sanguinem habet vitam aeternam.

Jo. 6.

Communicatus Romae in Paschate Resurrectionis in Sacrosancta Patriarchali Basilica Principis Apostolorum.

Anno Domini 1854.

Je termine cette lettre, mon cher Paul, en t'annonçant mon prochain départ pour le pays des *Didoni*.

Je gage que tu ignores ce que signifie ce
nom. Je vais te l'expliquer. Tu sais que nos
Français ont assez l'habitude de s'appeler entre
eux par les deux mots « dis donc!... » Il m'est
arrivé à moi-même plus d'une fois, dans le langage familier, de m'adresser à un monsieur qui
s'appelait Paul, en lui disant : dis donc, Paul!...
mais cette expression est plutôt employée dans
les basses classes de notre nation.

Or, comme les oreilles des étrangers sont en
général frappées plus particulièrement par certains mots qu'ils entendent souvent répéter, sans
les comprendre mieux que d'autres, il est advenu
que les Italiens, à force de recevoir dans leur
tympan ces deux mots « dis donc » ont fini par
désigner nos soldats sous le nom de *Didon*, d'où
l'on a fait *Didoni* au pluriel. Voilà, mon cher,
comment se fabriquent la plupart des mots nouveaux. Allez donc, après cela, vous creuser le
cerveau pour courir après des étymologies ;
franchement, c'est à jurer de ne jamais devenir

philologue. Il faut avoir la science et la persévérance de l'habile hébraïsant connu à Paris sous
le nom de **M.** l'abbé Latouche, pour se hasarder
dans un pareil labyrinthe et y marcher à pas
de géant!

Adieu donc, mon cher *Didon*, puisque *Didoni*
il y a. Je te serre la main avec affection et suis
pour la vie ton ami, si toutefois ta légèreté
française ne s'ennuie pas d'une si longue amitié.

Dis donc, Paul, qu'en penses-tu?...

ARTHUR.

VINGT-SEPTIÈME LETTRE.

———

Départ de Rome. — Les onze colis de M. de X ...... — Les îles de Monte-Cristo, d'Elbe et de Corse. — Arrivée à Toulon. — Voyage de Toulon à Bordeaux. — Coup d'œil rétrospectif sur Rome. — Les voleurs de Rome et les voleurs de Paris. — Grande division de la Société romaine. — Les clercs et les laïques. — Situation morale des ecclésiastiques à Rome. — La noblesse, la bourgeoisie et la plèbe. — Types romains. — Les réformateurs et leurs idées. — Les Romains ont plutôt besoin d'un roi ou d'un empereur que de libertés pour lesquelles ils ne sont point préparés. — Luttes enfantines des gouvernements italiens avec leurs sujets. — La proscription des chapeaux en feutre et des longues barbes. — Les fumeurs en grève. — Comparaison entre les gens du Nord et les gens du Midi. — Principaux traits du caractère italien.

———

Bordeaux, ce 1ᵉʳ mai 1854.

Mon cher Paul,

Enfin, me voilà loin de cette ville éternelle où j'ai fait un séjour d'une année. Bien des pensées se pressent en foule dans mon esprit depuis que j'ai quitté cette terre des martyrs.

Mais nous sommes convenus de laisser de côté la poésie et tout ce qui sent le romantique, pour nous occuper du soin de rassembler nos pensées les plus sérieuses et d'en faire, s'il est possible, un tableau fidèle de la Rome moderne, considérée au double point de vue de la philosophie et de la politique.

Cette lettre pourtant ne contiendra pas mes dernières impressions sur Rome; je les réserve pour plus tard. Tu sais, mon cher ami, de quelle importance est pour le monde entier l'avenir des États de l'Église; aussi je tiens à mûrir dans le silence de l'étude et de la méditation les réflexions que je me propose de te présenter un jour comme mon dernier mot sur la situation politique et sociale de la papauté. Aujourd'hui, occupons-nous des futilités du voyageur.

Je partis de Rome le 27 avril dernier ; je me rendis à Civita-Vecchia sur le bateau de M. Olivier; cette fois, le colonel me traita tout à fait en ami, et je n'eus qu'à me louer de son hospitalité et de sa conduite à mon égard.

J'allais donc gagner sans inquiétude le navire qui devait me transporter à Toulon, car je me rendais en France sur un bâtiment de l'État, lorsqu'un monsieur de ma connaissance me pria de me charger de quelques effets qu'il voulait renvoyer en France. C'était un jeune marié, fort agréable personne d'ailleurs, mais, comme tous les jeunes mariés, assez peu expérimenté en matière de voyages. Lui et sa femme avaient emporté en Italie presque tout leur hôtel du faubourg Saint-Germain ; et comme ils continuaient leurs pérégrinations vers le royaume des Deux-Siciles, ils sentirent la nécessité de se séparer d'une partie de leur équipage. Le privilége de l'amitié me valut la faveur de cette commission, dont je m'acquittai

avec d'autant plus de plaisir que mon désintéressement égalera mon dévouement, attendu
qu'il est probable que l'on ne m'en remerciera
jamais.

Je vis de la sorte mon bagage s'augmenter
de onze colis, pesant chacun plus de cent livres (je n'exagère rien), et je m'embarquai avec
quelque scrupule, ne sachant trop de quelle
façon le capitaine du bâtiment de l'État rece-
vrait un voyageur tel que je l'étais pour le moment. Pourtant les nuages de mon front s'effa-
çaient parfois lorsque je me rappelais la cari-
cature de l'*Illustration* où l'on représente un
monsieur qui part pour la campagne avec un
petit sac de nuit, et qu'un ami vient mettre en
diligence en le priant de remettre à sa femme
trois grandes caisses qui devaient ressembler
beaucoup à celles de mon monsieur.

J'arrivai sain et sauf à Toulon, après avoir
passé près des trois îles de Monte - Cristo,

d'Elbe et de Corse ; et à ce propos je veux te faire part d'une pensée qui m'est venue à l'esprit.

Parmi ces trois îles, une est liée aux aventures romanesques d'un héros de M. Dumas, et les deux autres vivront éternellement dans l'histoire, glorifiées qu'elles sont par le souvenir d'un grand homme qui eut l'une pour berceau et l'autre pour lieu d'exil.

Eh bien, dans mille ans peut-être, l'ombre de Napoléon apparaîtra encore aux navigateurs qui traverseront la mer Méditerranée et dirigeront leurs navires vers les rivages d'Elbe et de Corse, tandis que dans cinquante ans, dans cent ans au plus tard, le marin qui passera près des côtes de l'île de Monte-Cristo ignorera et le nom du roman qui nous la rend célèbre, et peut-être aussi le nom du romancier qui charme les loisirs de notre frivole génération.

Cette pensée sera mal reçue de quelques-uns. Je souhaite qu'elle soit fausse, car je n'en veux à personne. Incapable que je suis d'imiter les romanciers dans leurs interminables descriptions qui m'ennuient, de les suivre dans le labyrinthe de leurs expressions dont je n'ai point l'intelligence, peut-être ai-je pris pour un arrêt de la postérité ce sentiment littéraire qui me porte à proscrire ainsi du temple du Goût cette école romantique dont je ne suis point élève à cause de mon peu de mérite, et qui domine en maîtresse absolue sur la littérature contemporaine.

Mais laissons là les romans avec qui nous n'avons point affaire et parlons de notre voyage.

Nous avons donc revu une dernière fois ce pauvre petit port appelé Civita-Vecchia, où l'on pourrait, si l'on voulait, établir une excellente station pour les navires. Nous avons profité de nos derniers moments pour nous faire transporter en barque jusqu'à l'île qui ferme l'entrée de ce port, et nous avons regretté que tout cela n'appartînt pas à la France, car notre gouvernement, aussi actif qu'intelligent, aurait bien vite remplacé les restes de bastions en ruines qu'on y voit, par de belles et bonnes fortifications qui rendraient facilement l'abord de la côte assez dangereux pour un ennemi venu par mer.

Enfin, après une marche de près de quarante-huit heures, au train de neuf nœuds à l'heure, ce qui n'est pas à inscrire dans les annales maritimes, notre vapeur *le Dauphin*, vieille frégate rhabillée à la moderne, nous déposa tout émerveillés dans la magnifique rade de Toulon.

Je pourrais m'extasier à l'aise dans ma lettre, en pensant à Toulon et aux belles villes que j'ai parcourues trop rapidement avant d'arriver à Bordeaux; mais ce serait changer le récit de notre voyage d'Italie en celui d'un voyage dans le midi de la France. Laissons donc tous ces détails de côté, et revenons à Rome pour lui faire nos derniers adieux, en indiquant seulement l'itinéraire que nous avons suivi de Toulon à Bordeaux.

Après avoir flâné près de deux heures dans les rues étroites de Toulon ; après avoir consacré le plus de temps possible à l'étude de l'admirable panorama que présente son vaste port et les montagnes qui dominent la ville du côté de la terre, je montai en diligence et retrouvai, quelques heures après, Marseille encore plus embellie que je ne l'avais laissée un an auparavant ; puis je gagnai Montpellier en chemin de fer ; ce qui ne me fut point désagréable, je t'assure, et j'aurais désiré continuer de la sorte à voyager jusqu'à Bordeaux. Mais il me fallut suivre le canal du Midi, puis me rendre par la diligence à Toulouse, et enfin à Bordeaux, où je suis en ce moment occupé à t'écrire ces quelques pages.

Ce voyage dans le Midi, quoique rapide, mériterait bien quelques détails; mais je craindrais de trop m'éloigner de mon sujet principal. Qu'il te suffise donc de savoir, cher Paul, que Montpellier m'a paru une délicieuse ville de province, sa promenade un ravissant point de vue, ses environs un pays du plus ravissant aspect, le canal du Midi une insipide voie de communication que j'ai hâte de voir remplacée par un chemin de fer, Toulouse une fort belle ville et la véritable capitale du Midi pyrénéen, et enfin Bordeaux, un petit Paris plus rapproché de la mer que le grand, et jouissant d'un climat dont on n'est que trop privé sur les bords de la Seine.

Quant à Rome, félicitons-nous d'avoir pu étudier de près, pendant une année, cette capitale du catholicisme que tant de gens visitent sans la jamais connaître.

Prions le ciel que Rome soit pour notre siècle ce qu'elle fut en d'autres temps, un foyer inépuisable de lumière et de foi, comme Paris est en ce moment pour le monde le centre incontestable de la civilisation moderne.

Ne crions pas trop haut si Rome manque de confort. Gardons ces exigences pour la Rome moderne. Que Paris ait de grandes et belles rues ; qu'on y vienne chercher toutes les jouissances du luxe et du bien-être matériel, mais qu'à Rome on ne demande que les antiques monuments légués par les Romains, l'histoire d'un passé glorieux écrite en ruines gigantesques. Fermons les yeux sur ces rues tortueuses et étroites dont est sillonnée la ville sainte, et songeons combien il faut de soins, d'argent, de temps et de persévérance pour amener une grande ville au point de civilisation où se trouve aujourd'hui Paris.

Nul doute que si Rome était confiée aux mains qui ont fait de Paris la première ville du monde, on n'eût bientôt à admirer de grandes amé-

liorations dans la ville des Césars ; mais peut-
être, en voulant trop la parer de cette magni-
ficence moderne qui convient si bien à notre
Paris, ferait-on perdre à Rome tout le mérite
que lui donne son cachet d'antiquité.

En tous cas, n'oublions pas, avant de nous
récrier trop sur ce qui manque à Rome, qu'à
peine sortis des barrières de Paris nous pouvons, si nous voulons, nous donner le spectacle
de petites villes qui, dans une comparaison,
n'auraient certes pas l'avantage sur les plus vi-
lains quartiers de Rome, tant par le mauvais
état de leurs rues que par l'air de misère et
de malpropreté qu'on y trouve partout.

Si quelque élégant des boulevards ou des
Champs-Élysées doute de ce que j'avance, qu'il
se transporte à Montmartre, à la Villette ou à
Belleville, et alors il comprendra le charme que
l'on éprouve à se retrouver dans les beaux quartiers de Paris, et qu'après tout, il ne faut point

tant s'étonner de trouver à Rome des maisons de chétive apparence et des quartiers sales et mal aérés, puisque tout cela se voit aux portes mêmes de Paris.

Quant à ce qui est du côté moral de la ville sainte, ne soyons pas plus sévères qu'il ne le faut, pour le peuple qui l'habite, auquel les étrangers prodiguent trop facilement le titre peu gracieux de voleurs.

Les gens qui ont voyagé dans tout l'univers ont rapporté de leurs voyages l'opinion que partout où on trouve des hommes on y voit des voleurs ; que partout l'étranger est dupé, trompé, exploité, parce que son ignorance des choses du pays qu'il visite semble à ceux qui le volent une raison suffisante d'impunité.

Après tout, ces Romains contre lesquels se déchaînent si fort certaines gens, offrent aux voyageurs une hospitalité princière pour bien peu d'argent. Je doute que dans nos pays du Nord ils trouvent à si bon compte ce que nous allons en murmurant chercher chez eux.

Dans une ville comme Rome, où l'étranger à grand'peine parvient à dépenser un louis par jour, a-t-on bien le droit de crier au voleur? Pensons un peu à ce qui se passe journellement à Paris. Y peut-on vivre raisonnablement à moins de la même somme, même en se privant des choses les plus indispensables? Est-il un seul coin ou recoin de Paris où chaque devanture de boutique ne vous invite à faire une dépense à laquelle vous n'eussiez jamais pensé à Rome?

Lorsque dans nos cafés élégants de Paris, un morceau microscopique de poulet, accompagné de deux radis et d'une tasse de café, vous aura fait débourser le quart d'une pièce de vingt francs; lorsque votre hôtellier vous aura compté pour soixante francs de bougie au bout du mois, etc., etc., jetterez-vous la pierre aux Romains que vous accusez de voler dans la rue, tandis qu'à Paris on vous vole tous les jours à qui mieux mieux, avec garantie de brevets, de patentes, etc., sans que vous puissiez proférer une pauvre petite plainte dont on aurait droit de vous demander compte en police correctionnelle?

Voilà la différence qui existe entre les voleurs de Rome et ceux de Paris. Les premiers en sont encore à l'enfance de l'art, les derniers en apprendraient aux plus habiles.

A Rome, on vous prendra grossièrement votre argent dans la poche; à Paris, on vous obligera à le placer vous-même dans la main d'autrui ; et quand vous hésiterez à le faire, une fausse honte, que l'on saura habilement faire naître en vous, vous donnera presque un remords de ne pas vous être laissé voler de meilleure grâce.

Ne criez donc pas après les voleurs de Rome ; moquez-vous plutôt d'eux, ce sont des niais !

Maintenant que j'ai si bien plaidé la cause des Romains, au risque de me faire passer pour un Parisien apostat, il me reste, cher Paul, à te dire quelques mots des différents types humains que l'on rencontre à Rome, et à te faire un résumé du caractère italien.

A Rome, il y a d'abord deux grandes classes d'individus qui se partagent la ville et même la nation : les clercs et les laïques. Les premiers sont les heureux de l'endroit ; ils sont les maî- tres ; aussi beaucoup de gens briguent la faveur de porter leurs habits. C'est ainsi que l'on voit, dans certains pays où dominent les militaires, tous les bourgeois se cirer à l'envi la mousta- che pour se donner un air plus guerrier, et faire des bassesses pour arriver au grade d'of- ficier de la garde nationale, lorsque par mal- heur il y a garde nationale chez eux.

Ici, au lieu de jouer au tambour ou au sol-
dat, les enfants jouent à l'encensoir et aux petits autels, et la classe cléricale, loin de diminuer avec le temps, s'augmente chaque jour de
cette foule d'aspirants petits et grands, jeunes
et vieux, que dans tous les pays du monde
l'ambition pousse toujours machinalement vers
le soleil politique du moment.

Les ecclésiastiques romains ont la réputation
d'être fort légers de conduite. Les chrétiens
charitables prétendent qu'on les rend souvent
responsables de fautes commises par des laïques
qui ont l'habit de l'ordre sans en avoir reçu le
caractère sacré. Je ne me permettrai pas de juger la question. Je dois même dire, pour obéir
à la voix de ma conscience, que je n'ai point
vu, comme on me le disait sans cesse, un si
grand nombre de prêtres romains fréquenter les
théâtres et les cafés.

Les gens malintentionnés prétendent cependant que certains lévites, mettant de côté leur

robe noire ou violette, ne se refusent point, sous l'habit commode du bourgeois, bien des jouissances déclarées illicites même pour les laïques. Si la chose est vraie, il faut plaindre les coupables, et se féliciter encore qu'ils n'ajoutent point à leurs sacriléges le sacrilége nouveau du scandale.

Au surplus, si l'on considère la position faite à ce clergé par la constitution du gouvernement romain, on ne s'étonnera que d'une chose, c'est qu'il n'y ait pas à Rome plus de désordres que ceux qu'on y peut remarquer.

C'est une situation bien délicate, bien épineuse que celle de prêtres ayant en main la toute-puissance temporelle et spirituelle, exposés par cela même journellement à toutes les tentations qui naissent d'un trop grand bien-être matériel. Les uns ont à leur disposition l'administration de biens considérables dont ils touchent les revenus; d'autres, des aumônes dont ils sont eux-mêmes les dispensateurs; d'autres

sont chargés d'intervenir dans les familles pour
une foule de questions d'ordre public qui les
mettent nécessairement en contact fréquent avec
les laïques. Les uns sont assaillis sans cesse par
des mères qui veulent un emploi pour leurs fils;
les autres sont pourchassés par une foule d'intrigants ou d'intrigantes dont leur ministère les
oblige à écouter toutes les lamentations, toutes les
plaintes ou toutes les demandes. Joignez à cela
les habitudes quelque peu efféminées de la vie
italienne. Il y en a là plus qu'il n'en faut pour
excuser bien des fautes pour lesquelles on crie
souvent très-haut et qu'on a grand soin de
transformer en actions révoltantes lorsqu'elles
ne sont, la plupart du temps, que des pecca-
dilles.

Sans doute ces moines qui font la sieste depuis midi jusqu'à quatre heures du soir ; qui
habitent sous le plus beau ciel du monde et au
milieu des sites les plus enchanteurs de l'Italie,
auront moins de mérite aux yeux de Dieu que

les chrétiens de la primitive Église qui passaient des années enfouis dans les catacombes où ils allaient cacher leurs mystères et leur culte proscrit par les païens. Mais, nous le répétons, Dieu se chargera de punir le clergé romain si réellement il le mérite ; et c'est, à notre avis, un faux système que de vouloir accomplir nous-mêmes l'œuvre de Dieu.

En dehors des clercs, on compte à Rome une classe assez nombreuse de laïques qui forment, en réalité, le fond de la nation romaine. Ces laïques se composent de grands seigneurs romains qui ne paraissent guère se douter qu'ils sont les descendants de ces vaillants guerriers que l'histoire nous montre avec orgueil dans les luttes acharnées des Guelfes et des Gibelins. Puis vient la classe bourgeoise, aujourd'hui plus nombreuse que jamais, à Rome comme partout. C'est là vraiment que réside le feu sacré italien ; il est un peu caché sous la cendre ; mais entre les mains d'un pouvoir ha-

bile et national, il jetterait encore un vif éclat
sur le drapeau italien.

Enfin, à côté de la bourgeoisie, on voit dormir dans les carrefours et sur les places publiques de Rome une populace composée d'éléments fort hétérogènes et qui ne vaut certes
pas la population qui habite les Apennins.
Cette plèbe est un reste de tous les âges qu'a
traversés la ville éternelle. On y trouve trois
types dominants : les Romains à la face ronde,
qui sont les fils des conquérants de l'univers ;
puis des figures grecques laissées sans doute
par la domination byzantine qui survécut à la
chute de l'empire d'Occident ; et enfin le type
gaulois renouvelé et retrempé par les différents
contacts que de tout temps on a vus s'établir
entre nos pères et les habitants de Rome.

Le premier de ces types est assez bien rendu
par ces bustes d'empereurs romains que l'on
trouve dans nos musées ; le second rappelle la

belle nature grecque, et diffère de l'italienne par la forme courbée des narines; le troisième nous est familier, puisqu'on le retrouve partout en France où la race gauloise a complétement absorbé l'élément franc.

Parmi tout ce peuple, les habitants du Transtévère sont encore ce qu'il y a de mieux, tant pour la régularité de leur beauté physique qu'à cause de la fierté de leur caractère et la primitivité de leurs coutumes.

En somme, tous ces laïques ont un rôle assez mesquin à jouer à Rome : aussi désirent-ils ardemment, depuis le prince jusqu'au plus simple ouvrier, voir cesser l'état de choses actuel.

Les plus exaltés n'ont d'espoir qu'en la révolution; non pas qu'ils tiennent beaucoup à redevenir des républicains honnêtes, comme du temps de l'ancienne Rome; mais ils pensent que d'une crise sociale on verrait sortir quelque système nouveau qui vaudrait toujours mieux, suivant eux, que l'ancien. Il y en a même qui vont jusqu'à parler d'un roi ou d'un empereur ; ce sont ceux qui n'ont pu oublier la glorieuse époque où Napoléon Ier posa la première pierre de l'édifice de la *renaissance italienne*.

Les plus raisonnables demandent des réformes que tout le monde désire, et surtout le saint-père, comme il est facile de s'en convaincre si l'on se rappelle que ce fut l'excès même de son esprit réformateur qui a causé tous les malentendus de la dernière révolution.

Tout en blâmant l'erreur des gens qui confondent la révolution avec le progrès, nous ne pouvons nous empêcher d'avouer que le gouvernement pontifical devrait, par prudence, s'occuper sérieusement de réformer ses institutions temporelles et faire à l'élément laïque une part plus large dans les affaires publiques.

Pourtant une, crainte nous préoccupe. Les Italiens sont-ils bien préparés pour jouir de ce bien si précieux de la liberté qui a déjà causé tant de maux dans nos sociétés modernes?

La révolution dernière nous confirmerait suffisamment dans notre doute, si nous n'y étions assez confirmé déjà par la nature même du caractère politique du peuple dont nous nous occupons.

A part les Piémontais, qui sont les aînés des Italiens dans la vie politique, les autres États de l'Italie nous donnent continuellement, gouvernements et sujets, le spectacle ridicule d'enfantillages qui ne sont pas faits pour rassurer les gens sérieux.

Que signifie cette guerre acharnée déclarée par les polices napolitaine ou romaine aux chapeaux gris à larges bords et aux longues barbes démocratiques?

Que doit-on penser de gouvernements qui croient avoir fait un coup d'État, parce qu'ils auront tondu et rasé trois ou quatre hommes barbus ou confisqué une demi-douzaine de coiffures en feutre?

Mais ne crois pas, mon cher Paul, que le peuple soit plus sage que son gouvernement; au contraire, on le voit souvent se mutiner à la façon des écoliers; et il y a quelque temps, à Rome, ses sentimens d'hostilité se manifestèrent par une *émeute de fumeurs;* les amateurs de cigares se mirent *en grève*, et refusèrent de consommer la marchandise gouvernementale. Cette mesure *patriotique* dura quinze grands jours, et chose très-intéressante, le gouvernement s'en montra très-alarmé! Une autre fois, tout Rome fut en émoi, parce qu'on avait trouvé de petits papiers tricolores parsemés dans le Corso. Si ce sont là des manifestations politiques, je demande que l'on fasse voter les enfants en nourrice!

Ces scènes d'écoliers et de *maîtres cinglants*
se renouvellent sans cesse à Rome et me font
penser que les Romains auraient bien plus besoin d'un roi ou d'un empereur que de libertés
qui ne tarderaient pas à les plonger dans la
plus affreuse anarchie.

Est-ce à dire que les Romains soient *ingou-
vernables?* suivant l'expression dont on s'est servi
à tort pour nos Français, qui prouvent assez
clairement à l'Europe aujourd'hui qu'on peut les
gouverner au nom d'une politique vraiment nationale.

Les Romains, comme tous les Italiens, entendent fort mal leurs intérêts en se jetant
dans ces conspirations ridicules et impuissantes
qui servent de prétexte à ceux qui les tyranni-
sent pour prolonger des abus que toute l'Europe a mis à l'index.

Je suis étonné qu'une nation qui a produit

un génie politique tel que Machiavel ne comprenne pas que la véritable question du jour n'est point la conquête de droits la plupart du temps illusoires quand ils sortent de la fange des barricades, mais plutôt et surtout la formation d'une grande unité italienne qui peut parfaitement exister sans la république et, à mon avis, aurait une base bien plus solide dans la haute protection d'un souverain de race italienne.

Comme je te l'ai dit, mon cher Paul, je me réserve de traiter cette importante question dans une lettre *post-scripta* qui sera comme la conclusion de mon trop long ouvrage ; aussi j'abandonne pour un moment le terrain où je suis, pour terminer cette épître par quelques considérations sur le caractère italien.

J'ai si souvent entendu les gens du Nord jeter la pierre aux gens du Midi, que je ne puis résister au désir de faire justice des accusations

portées par les premiers contre les derniers,
accusations qui ne reposent uniquement que sur
la différence de nature des uns et des autres, et
sur l'ignorance où l'on est dans le Nord des
choses, des coutumes et des idées du Midi.

Les gens du Nord prétendent avoir le droit
d'accuser de fausseté les gens du Midi. Mon
opinion va te paraître hardie : je crois les gens
du Midi plus francs que les gens du Nord; mais
comme il faut toujours supposer aux erreurs
que l'on combat une origine rationnelle, j'attribue
l'erreur en question à ce que les hommes du
Nord, étant naturellement flegmatiques et endormis, et n'ayant point la perception de ce
langage méridional qu'on appelle le langage des
yeux et des gestes, sont incapables de s'entendre
avec les gens du Midi, et sont, par rapport à
ces derniers, dans la situation d'un homme se
plaignant qu'on lui ait caché des choses qu'on
lui aurait dites dans une langue qu'il ne comprend pas. Je développe ma pensée : dans le

Midi on fait grand cas de certains jeux de phy-
sionomie complétement inconnus dans le Nord
et qui sont la manifestation très-claire de certaines pensées et de certains sentiments.

Dans le Nord, les hommes communiquent
entre eux par le seul moyen de la parole, et
souvent ce moyen ne leur suffit pas pour arriver
à s'entendre.

En Italie, au contraire, puisque c'est de l'Italie
qu'il s'agit, il n'est pas rare de rencontrer des
individus qui, sans échanger même un mono-
syllabe, se sont très-bien rendu compte de ce
qu'ils voulaient se dire; et si l'on veut aller chercher jusqu'en Orient des exemples analogues au
précédent, on verra des amants se donner des
rendez-vous à l'aide de bouquets de fleurs dis-
posées d'après des règles connues, et souvent le
mortel favorisé qui correspond avec sa Dulcinée
par ce télégraphe d'un nouveau genre, n'a vu,
à travers la jalousie qui protége ces muettes

amours, que la moitié d'un œil de la beauté qu'il pressera sur son cœur au lieu et à l'heure indiquée par le mystérieux bouquet.

Voilà des manières de procéder assurément bien différentes; et des gens si peu faits pour s'entendre ont-ils bien le droit de s'accuser entre eux de fausseté, puisque ce qui, dans le Midi, est la manifestation la plus patente des sentiments que l'on veut faire connaître, est tout au plus considéré dans le Nord comme un mouvement des nerfs du visage ou des membres du corps, auquel il ne vient à personne l'idée d'attacher quelque importance.

Un homme du Midi, après avoir échangé un seul regard avec son ennemi, demeure parfois convaincu que ce dernier désire sa mort.

On voit, au contraire, dans le Nord, des personnes en venir jusqu'aux voies de fait sans

être bien au courant ni les unes ni les autres
des intentions de leur adversaire.

Je me suis étendu complaisamment sur cette
matière, parce qu'en effet je crois fort injuste
l'opinion des gens du Nord qui répètent sans
cesse que ceux du Midi, et en particulier les
Italiens, ont un grand fonds de fausseté dans le
caractère. Je t'ai donné l'explication de l'erreur
que je cherche à détruire ; je terminerai par un
portrait aussi fidèle que possible du caractère
italien.

Le caractère des individus comme des nations étant, pour employer une expression em-
pruntée à la *mécanique*, la résultante des qualités d'esprit et de cœur de ces individus ou de
ces nations, notre sujet se trouve naturellement
divisé en deux points que nous traiterons successivement.

Les qualités de l'esprit, suivant l'opinion d'un

grand nombre de voyageurs, seraient, chez les Italiens, plus brillantes et plus solides que les qualités du cœur.

Il y a ici un fonds de vérité, si l'on n'a en vue que ce peuple des villes pontificales que nous avons déjà signalé comme ne pouvant jamais servir de type à la nationalité italienne dont il n'est qu'un véritable *métis*.

Si, au contraire, on veut aller chercher les Italiens de la montagne ou des villes éloignées de Rome, et même dans Rome une certaine classe de gens indépendants de l'autorité ecclésiastique, on trouvera chez ces personnes des qualités de cœur très-sérieuses que nous indiquerons dans notre second point.

A Rome, la classe cléricale, et tout ce qui s'y rattache, est très-remarquable au point de vue des qualités de l'esprit. Ce sont les plus fins diplomates du monde ; beaucoup ont fait des études scientifiques et littéraires excessivement profondes ; un grand nombre ont publié des ouvrages de numismatique, d'histoire, de philosophie et de théologie qui ont eu une grande portée dans l'univers savant.

Mais je ne sais pourquoi les études théologiques, si propres à élever l'âme au-dessus des choses de la terre, y produisent une réaction à laquelle échappent seulement les cœurs privilégiés.

A la place de ce cœur profane, mais souvent honnête, que l'on trouve chez quelques gens du monde, la théologie donne à ses enfants un cœur tout évangélique qui n'a rien de commun avec les faiblesses de nos cœurs charnels et n'est mû que par le sentiment de la charité chrétienne. Jusqu'ici il n'y a pas à se plaindre de l'effet produit par la théologie. Mais voici le danger d'une telle substitution. Comme elle ne se fait que dans les âmes où la grâce a poussé ses divines racines, et que d'ailleurs le nombre de ces âmes-là est très-restreint, il s'ensuit que les personnes privilégiées n'arrivent point à la possession du cœur évangélique, et cependant n'en ont pas moins perdu le cœur charnel. Ce qui fait qu'elles sont encore plus à plaindre que les gens qui n'ont que ce dernier à leur disposition.

Voilà, mon cher Paul, la façon dont j'explique ce fait que tout observateur remarque parmi les gens d'église, d'une supériorité marquée des qualités de l'esprit sur les qualités du cœur, en ayant soin de faire une exception convenable pour ceux que la grâce n'abandonne jamais.

Les qualités d'esprit des Romains consistent dans une grande perspicacité unie à un jugement très-droit et à une intelligence particulière des choses abstraites et ardues. Pourtant, conradiction singulière! on remarque aussi chez eux, comme chez tous les Italiens, développé à un degré extrême, le don des arts et de la poésie.

Pour le côté sérieux de l'esprit, le Romain est bon critique, profond observateur, excellent satirique, mathématicien intelligent, orateur éloquent, parfait tragédien. Quant au côté qui dépend plus de l'imagination que de l'intelligence, il est né poëte, musicien, peintre, sculpteur, etc.

L'esprit italien manque du genre de gaieté de l'esprit français, mais s'élève à une telle hauteur de vues, qu'on pourrait, sans offenser personne, le proposer pour modèle aux différentes nations de l'univers.

La nature italienne serait la plus riche nature humaine si les qualités du cœur y étaient égales à celles de l'esprit.

Nous verrons tout à l'heure ce qu'il en est.

Machiavel est le meilleur type que l'on puisse prendre pour résumer le génie italien dans toute sa plénitude ; et qu'on ne s'y trompe pas (car en France on juge bien mal ce grand homme), *Messer Niccolo Machiavelli* fut un des esprits les plus profonds et les plus complets qui aient jamais illustré l'humanité !

Je sais que ses ennemis, ne pouvant lui rien ôter de son génie, ont répandu parmi les masses l'idée ridicule qu'il n'avait que le génie du mal. La postérité, mieux éclairée, et peut-être notre propre siècle, feront justice de ces accusations sans fondement. Il n'y a qu'un mot à dire pour prouver leur peu de valeur ; voici ce mot : Machiavel, ce profond connaisseur des choses de la politique, n'a voulu jouer dans sa patrie qu'un rôle bien secondaire pour un homme de cette trempe. Qu'on nous dise si le roi de Prusse, plus habile praticien que le grand théoricien qu'il combat pourtant dans son *Anti-Machiavel*, avec assez d'ingratitude, se fût jamais contenté d'un pareil sort !

Les Romains d'autrefois n'avaient pas l'esprit des Italiens modernes; ils étaient plutôt supérieurs à ces derniers par la grandeur de leur caractère. Si l'homme valait uniquement par l'intelligence, les Romains d'aujourd'hui vaudraient plus que les Romains d'autrefois.

Avant de passer au second point de notre paragraphe, rendons aux gens d'église une justice qui leur est due. La supériorité d'esprit que les Romains en particulier et les Italiens en général ont sur les autres nations, ils la doivent à l'influence ecclésiastique qui a dominé si longtemps sur ce peuple.

En effet, dans une société qui a pour base première l'*Évangile*, il est naturel que la supériorité morale ait appartenu longtemps à ceux qui interprétaient ce code divin ; et il va de soi également qu'un peuple élevé sur les marches du sanctuaire devait avoir un développement intellectuel bien supérieur à celui des peuples qui stationnaient en dehors du parvis sacré.

Aujourd'hui les choses sont bien changées. La lumière a si longtemps rayonné du centre aux extrémités du monde chrétien, que le feu s'est presque éteint au foyer principal. Mais pourtant le travail des siècles subsiste, et les Italiens, tout en n'étant plus comme autrefois à la tête du mouvement civilisateur, qui part à présent de Paris, ont conservé l'empreinte ineffaçable de leur brillant passé.

Occupons-nous des qualités de leur cœur, dont l'examen complétera l'étude de leur caractère.

L'Italien des villes est tellement démoralisé qu'il lui faudra plus d'un baptême de sang pour redevenir ce qu'il était au moyen âge. Celui des campagnes a conservé des instincts républicains (dans la bonne acception du mot) qui étonnent l'observateur. Il est susceptible de dévouement, d'amitié sincère, de certaine franchise; il a un fonds de bonhomie qui fait un singulier contraste avec la nature caustique de son esprit (1). L'Italien est plein d'orgueil et de présomption; il a conscience de sa supériorité morale, mais il doute de son courage ; et son inclination à la paresse, jointe à son ignorance complète du métier des armes, est la cause de la défaveur dans laquelle il est tombé aux yeux de l'Europe militaire.

Il est vindicatif, parce que les injures sont pour lui des blessures mortelles, et il manque dans ses relations intimes de cette tendresse pleine d'onction de l'extrême Occident. C'est encore un des fruits de son éducation ecclésiastique, qui a développé en lui les sentiments d'égoïsme naturels aux gens qui vivent plus par l'esprit que par le cœur.

---

(1) Ici nous avertissons nos lecteurs que le mot qualité est employé dans un sens général. C'est pourquoi nous avons supprimé le mot défaut. *(Note de l'auteur.)*

Pourtant il est plein de douceur, enclin à la familiarité et d'un commerce si agréable et si facile, que cet extérieur séduisant, qui attire à lui tout d'abord, lui est reproché par les gens rudes et froids du Nord comme un masque derrière lequel il se cache pour mieux tromper.

Voilà à peu près, mon cher Paul, ce que les uns et les autres en général, et ton serviteur en particulier, ont observé dans le caractère italien. En somme, ce portrait, qui n'est pas flatté, laisse de grandes espérances d'avenir pour cette nation si elle tombe en de bonnes mains (1).

Le siècle que nous traversons, siècle d'ar-

---

(1) Nous n'avons pas cru devoir parler des tendances superstitieuses des Italiens, si bien caractérisées par la ridicule fable de la *Jettatura*. M. Dumas ayant consacré plusieurs chapitres de son *Corricolo* à l'étude de cette *grave* question, nos lecteurs pourront éclairer leur jugement à la source que nous leur indiquons. En tout cas, nous les engageons à ne pas attribuer au caractère italien ce qui n'est qu'un effet de l'éducation nationale.

(Note de l'auteur.)

gent, siècle d'égoïsme, a fait la part plus large aux choses de l'esprit qu'à celles du cœur, et les défauts que nous signalons chez les Italiens ne les empêcheront pas d'occuper un poste élevé parmi les nations de l'Europe, s'ils parviennent à réaliser leur grand rêve moderne : l'union italienne!

C'est le cas de dire *amen* et de nous reposer du soin de ces grandes choses sur la Providence et sur le prince auquel elle songe pour les accomplir. Quant à nous, notre tâche est presque remplie; quelques pages encore, et nous aurons mis la dernière pierre à notre modeste édifice. S'il s'écroule à peine achevé, au moins nous aurons marqué la place où d'autres en pourront construire un plus solide, et nous ne regretterons pas nos efforts et notre travail, car derrière nos historiettes de voyageur et nos contes bleus, il est une pensée sérieuse qui nous a mis la plume en main.

Adieu donc, mon cher Paul, ou plutôt au revoir, puisque je retourne auprès de toi. L'auteur va disparaître, mais il te restera toujours l'ami.

Tout à toi.

ARTHUR.

LETTRE POST-SCRIPTA.

—

—

Paris, ce 27 septembre 1857.

Mon cher Paul,

Avant de terminer la tâche pénible que nous nous étions tracée en t'envoyant, sous forme

de lettres, nos impressions personnelles au sujet
de Rome et des États pontificaux, il nous a
paru convenable de résumer toutes les idées
éparses dans les vingt-sept lettres qui précèdent, en une dernière épître qui sera la conclusion de tout notre ouvrage. Nous lui avons
donné le nom de *Lettre post-scripta*, pour les
deux raisons suivantes : la première, c'est
qu'elle est destinée à jouer, dans notre ouvrage,
le rôle si important d'un post-scriptum dans
une lettre; et la seconde, c'est que la logique
grammaticale nous a conduit à remplacer le
substantif neutre employé d'ordinaire, par
un mot féminin, fussions-nous obligés de
l'emprunter à la langue latine.

Ce qui précède une fois posé, entrons en
matière : Depuis 1854, époque de notre retour
en France, bien des choses se sont passées et
autour de nous et au delà de nos frontières;
de grands événements sont venus s'ajouter aux
événements déjà si nombreux de notre siècle.

Au milieu du mouvement général de la civilisation européenne, les États de l'Église ne sont pas restés complétement dans l'inaction. Deux grands faits ont attiré l'attention de l'Europe vers cette terre des martyrs, que bien des gens étaient disposés à croire destinée à ne jamais sortir du *statu quo* de la routine et de l'obscurité.

L'un des faits en question, accompli sur le terrain religieux, suffira à lui seul pour immortaliser le pontificat de Pie IX, dont il sera la véritable illustration. On devine que nous entendons parler de la promulgation du dogme de l'Immaculée Conception. Cet événement immense, dont les esprits étroits ne calculent point la portée, prouve d'une façon irrécusable que le prince-pontife, que l'on veut rendre responsable des malheurs politiques de Rome, n'est cependant pas un pontife ordinaire. La lumière de l'Esprit-Saint a jailli avec une grande splendeur du trône pontifical, et son divin reflet a éclairé

toute la chrétienté des plus vives clartés. Il ne
faut donc pas désespérer de voir ces rayons
venus d'en haut dissiper quelque jour les nuages
si épais qui obscurcissent l'horizon politique.

Le second fait à signaler à l'admiration publique dans les Etats pontificaux, a été la création du réseau de chemins de fer. Il aura des
conséquences beaucoup plus graves que ne le
pensent peut-être les auteurs de cette bienfai-
sante innovation.

Aux différents âges du monde, la Providence,
si féconde dans ses créations, a su faire naître,
à propos, des agents nouveaux dont elle seule
connaissait la mission, et qui, traînant à leur
suite les nations, ont accompli l'œuvre divine,
en transformant nos sociétés par des révolutions
dont le terme était fixé d'avance, et auxquelles
nous avons toujours prêté, aveugles instruments
que nous sommes, le concours de nos faibles
bras.

Une fois ce furent les croisades qui changè-
rent la face de notre monde ; une autre fois la
découverte de l'Amérique précipita dans une
route nouvelle la marche progressive de l'humanité ; puis, ce fut l'invention de la poudre à
canon, ou de l'imprimerie ; enfin, pour abréger
le récit de tant de merveilles, de nos jours, ce
sont les chemins de fer qui semblent appelés à
être le véritable agent propagateur des volontés
divines. Je n'ai donc pas eu tort de dire que l'in-
troduction des voies ferrées dans les États pontificaux était à elle seule une grande réforme
accomplie ; et si l'on conteste que cette réforme,
que j'entrevois dans un avenir prochain , entre
sur la terre romaine à l'aide de ces rails qu'y
va poser la main de l'industrie, je fais un appel
aux incrédules, et je leur demande d'étudier les
effets produits par les chemins de fer chez nous
et chez les nations les plus favorisées sous ce
rapport.

Le gouvernement romain a donc fait un grand

pas dans la voie de la civilisation et du progrès ; mais, pour être juste, ajoutons que ce pas a été le seul. Aucune réforme administrative ou politique n'est venue répondre aux désirs des amis éclairés de la papauté. Le récent voyage du saint-père à travers ses États n'a même été marqué que par quelques mesures trop insignifiantes pour que nous leur attachions le caractère de réformes sérieuses.

D'où vient donc cet état de stagnation dans les affaires politiques de Rome?

Doit-on mettre en doute les bonnes intentions du gouvernement? — Nullement.

Doit-on l'accuser d'impuissance ou de timidité? — Non plus.

Le mal est ailleurs; le gouvernement romain est trop éclairé pour ne pas voir que son trône temporel est placé au bord d'un abîme. Il a

bien la ferme volonté d'améliorer sa fâcheuse
situation. Mais aujourd'hui le problème social
romain est trop nettement posé pour qu'on
puisse le résoudre à l'aide de demi-mesures. Il
faut des réformes sérieuses, il faut refaire l'é-
difice jusque dans ses assises, et la grandeur du
travail fait hésiter au moment de se mettre à
l'œuvre.

La cour de Rome est convaincue que des
réformes superficielles seraient sans effet, mais
elle craint les réformes radicales. Lorsqu'un
monument menace ruine, il n'est pas toujours
prudent de l'attaquer par sa base : on court le
risque de voir le tout s'écrouler aux premiers
efforts des ouvriers.

Ce que le gouvernement romain voit clairement, tous les gens sérieux le remarquent avec
inquiétude. La situation des États pontificaux,
et, disons plus, la situation de l'Italie est anor-
male; cette nation est en souffrance. Il ne s'agit

plus aujourd'hui de prolonger la vie du malade, il faut tenter un suprême effort; il faut un remède violent qui l'emporte en l'autre monde ou le guérisse.

Lorsque Pie IX donnait, en 1847, l'impulsion aux réformes libérales, il serait bien injuste de croire que ce pontife agissait les yeux fermés et sans regarder autour de soi cette péninsule dont ses États sont le véritable centre.

La papauté, singulièrement déchue de sa grandeur passée, sentait le besoin de reprendre, par une action d'éclat, cette direction des affaires humaines qu'elle ne s'était vu enlever qu'à son corps défendant et après des luttes aussi animées qu'opiniâtres. Si la voie où Pie IX s'était jeté, peut-être avec trop d'enthousiasme, n'eût point été un terrain aussi parsemé de précipices, où il fallait toute la clairvoyance du génie unie à toute la sagesse de l'expérience politique, pour gagner le but d'un pas aussi

ferme à l'arrivée qu'au départ, sans nul doute,
la papauté conduisant l'humanité par la main,
vers la terre promise du progrès politique, aurait reconquis, *ipso facto*, toute son autorité
perdue, et serait remontée, aux acclamations de
l'univers, sur ce piédestal colossal d'où, au
moyen âge, elle lançait à son gré ses foudres
toutes-puissantes sur les rois et sur les peuples
prosternés à ses pieds.

C'eût été une belle page à ajouter à l'histoire
de l'Eglise! Malheureusement ce projet, à la fois
hardi et grandiose, resta inaccompli, parce qu'il
tenait plus d'un rêve et d'une chimère que d'un
plan conçu avec sagesse et prudence, et combiné
dans le silence de l'étude et de la méditation.

Mais quelle était cette voie, me dira-t-on, où
la papauté voulait entraîner à sa suite l'humanité tout entière?

Voici : la papauté, qui régna si longtemps

d'une façon temporelle sur notre monde, où elle n'a plus guère qu'une puissance spirituelle que ses ennemis lui disputent avec acharnement chaque jour; la papauté, qui domina jadis en écrasant successivement sous sa main puissante, tantôt le peuple, tantôt la monarchie, tantôt l'aristocratie, et qui, par ce triple jeu, était devenue l'arbitre temporel de l'univers, à tel point qu'elle distribuait des royaumes et des empires à qui bon lui semblait; la papauté, s'apercevant de la décadence des aristocraties et du développement prodigieux que prend chaque jour, dans nos sociétés modernes, l'élément démocratique; comprenant d'ailleurs que de suzeraine des monarchies, elle était devenue non-seulement leur égale, mais même leur vassale (temporellement parlant), songea naturellement à prêter son appui à cet élément nouveau qu'elle voyait grandir à l'ombre des trônes et qui manifestait sa puissance par des révolutions assez fréquentes, leçons terribles à l'adresse des souverains de l'ancien régime féodal.

Cette pensée de la papauté aurait eu de grands résultats, en cas de succès. En effet, d'une part, la démocratie soutenue par l'Eglise voyait sa cause sanctifiée d'autant plus facilement, qu'elle était fort disposée à aller puiser dans l'Evangile ses principes nouveaux, et cette union lui donnait un tel poids dans la balance des choses humaines, qu'il devenait difficile aux monarchies *de droit divin* de soutenir la lutte contre de tels ennemis.

Une fois la démocratie triomphante de toute part, l'Eglise, de son côté, réclamant ses droits de patronage et de tutelle, parvenait sans peine à faire accepter ses chaînes spirituelles à son alliée victorieuse. De cette façon, la papauté se relevait plus glorieuse et plus grande que jamais de cette longue lutte qu'elle a soutenue et soutient encore depuis des siècles contre les monarchies temporelles.

Voilà pourquoi nous avons assisté à ces aspirations libérales de la papauté, qui se sont terminées d'une façon si triste et ont été remplacées par un système d'indécision, de crainte, d'atermoiements, etc...

La papauté a cru un moment redevenir la souveraine temporelle de l'univers, en écrivant sur son drapeau politique ces mots magiques : DÉMOCRATIE CATHOLIQUE.

L'essai a été infructueux ; tout est alors rentré dans le silence, et la papauté, stupéfaite de son insuccès, ne sait plus dans quelle voie porter ses pas. Si elle avance, elle sait qu'elle se précipite dans les bras sanglants de la révolution ; si elle recule, elle voit de nouveau le fantôme révolutionnaire se dresser devant elle. C'est pourquoi elle reste aussi stationnaire qu'elle peut. En cela elle ne manque pas de logique. Son inaction prouve qu'elle comprend mieux que personne sa situation politique.

Pourtant il est pour la papauté et en même temps pour l'Italie une planche de salut à laquelle je suis étonné qu'on n'ait pas songé plus tôt.

Au risque de passer pour un laïque qui porte une main téméraire sur l'arche sainte, nous exposerons la solution qui nous paraît la meilleure pour les inquiétudes politiques, où s'agitent en vain les hommes d'Etat de l'Italie et des Etats romains.

Si au lieu de chercher à conquérir en Europe une popularité difficile à obtenir au temps où nous vivons, et qu'on devrait acheter au prix des plus grands sacrifices, la papauté cherchait à se refaire en Italie un parti puissant, comme à l'époque des guerres des Guelfes et des Gibelins, lui serait-il impossible de s'attirer à elle la sympathie des cœurs italiens qu'elle s'est aliénés par les tergiversations récentes de sa politique actuelle ?

Qui empêcherait la papauté de se mettre à la tête du mouvement de la civilisation italienne ? Et ce système ne vaudrait-il pas mieux qu'une ligne de conduite douteuse et incertaine, destinée à mécontenter les uns et les autres et à n'inspirer de confiance à personne ?

Que faut-il que fasse la papauté pour prendre en mains la direction des affaires italiennes ? Qu'elle adopte le programme des réformateurs sérieux qui ne se laissent inspirer que par un patriotisme éclairé et dégagé des utopies révolutionnaires !

Quel est donc le grand mot de ce programme ?

C'est surtout et toujours l'*unité italienne.* L'union péninsulaire, voilà le rêve de chaque jour de tous les progressistes raisonnables et sensés de l'Italie, voilà le terrain neutre où se rencontrent les nombreux partis qui divisent la société italienne! Pourquoi la papauté repousserait-elle une idée qui peut être pour sa puissance chancelante un agent régénérateur, une pierre d'assises nouvelle pour l'édifice de sa renaissance? Est-ce à dire que la papauté doive arborer l'étendard de la révolution et déclarer la guerre à tous les souverains qui s'opposeraient à l'union italienne? Il serait fort imprudent d'en agir ainsi, et nous ne craignons pas que la cour de Rome oublie à ce point ses anciennes traditions de sage politique.

Mais ce qu'on ne peut faire soi-même, il est judicieux de le confier à de plus puissants sur qui on se repose du soin de mener à bonne fin les entreprises dont les difficultés effrayent notre faiblesse.

A différentes époques de l'histoire de l'Église, on a vu les papes implorer le secours d'empereurs et de rois chrétiens, pour l'accomplissement de grandes idées qu'ils avaient conçues ou acceptées; sans avoir la possibilité de les accomplir seuls ! Il fut un temps où le souverain pontife donnait la couronne d'Italie à des alliés puissants, derrière lesquels s'affermissait le pouvoir temporel des papes, et souvent de pareilles investitures, dont le droit était parfois contestable, n'en mettaient pas moins fin aux guerres civiles et aux révolutions qui désolaient alors l'Italie.

Je sais que, de nos jours, il paraîtrait peut-être singulier de voir un pape s'attribuer la faculté de distribuer ainsi des couronnes à des alliés dont il pourrait avoir grand besoin; mais il est avec l'opinion publique certains accommodements, et sauf quelques différences de forme et de mode, les âges du monde ont entre eux de grands points de ressemblance.

Si vous ne voulez pas admettre qu'au temps où nous vivons, le successeur de saint Pierre ait le droit de couronner un prince sur lequel il aurait jeté les yeux et que la Providence aurait désigné au monde comme le sauveur de la société italienne, on ne pourra contester du moins au pape la faculté bien inoffensive de donner l'impulsion à l'opinion publique italienne et même de consulter cette opinion publique, en lui désignant l'élu de Dieu qui doit être aussi le sien.

En résumé, si la papauté tient à se rendre populaire en Italie, elle a un chemin tout tracé devant elle : qu'elle marche à la tête des peuples italiens, et que, devançant leur pensée, elle désigne à leurs suffrages le prince qui doit régénérer la patrie commune; l'enthousiasme unanime des masses répondant à un pareil appel, unira dans les mêmes bénédictions et dans les mêmes vœux et le nom du prince libérateur et celui du pontife patriote.

Voilà la véritable, la seule voie de salut qui

s'offre à la papauté, si elle veut restaurer son pouvoir temporel, miné par les révolutions.

Que dans un congrès italien assemblé à Rome sous la présidence du prince des apôtres, l'Église jette les bases de la grande unité italienne, en proposant au congrès la formation d'une confédération italique placée sous la protection d'un monarque qui puisse, tant par les traditions de sa famille et ses droits personnels que par les qualités supérieures de son esprit, l'énergie de son caractère et la force de son bras, réunir en faisceau sous son sceptre populaire les éléments si nombreux et si fractionnés de la grande famille italienne !

Alors, comme nous l'avons déjà dit, on verra de tous les points du territoire italien s'élever des hymnes d'amour et de reconnaissance, pour chanter dans un même vivat le héros que l'Italie attend et le pontife aimé qui s'en serait fait le précurseur.

Voilà quelle solution j'offre à la cour de Rome si elle veut sortir du labyrinthe inextricable où l'ont engagée ses fautes politiques. La solution est hardie, mais elle sera d'un bon effet si on veut la mettre à l'essai. D'avance le succès en est assuré, car l'opinion publique murmure déjà tout bas le nom glorieux du sauveur que la papauté aurait le mérite de proclamer à la face du monde, en se faisant l'interprète intelligent des sentiments et des espérances de tous.

Ce prince est le seul qui ait des droits véritables à la couronne d'Italie, et son hérédité est assise sur la base formidable formée par la victoire, unie au suffrage national.

Que la papauté se hâte de se faire en cette occasion le messager intelligent des volontés divines, car le temps est proche peut-être où la voix du pontife serait étouffée par les vociférations révolutionnaires. Mais alors la Providence conduira elle-même par la main le prince libé-

rateur, afin qu'il enchaîne de nouveau cette révolution que lui seul a appris au monde à
savoir dompter ; et toutes ces choses s'accompliront sans la participation de l'Église, qui
pourrait encore aujourd'hui épargner à l'Italie
de grands malheurs en lui montrant là-bas à
l'Occident le seul port où elle puisse attendre
en sûreté la fin de ses tempêtes sociales.

Ici je m'arrête, mon cher Paul, et mets ma
plume au repos, car aussi bien j'entends déjà
plus d'un censeur qui me traite d'utopiste et
rejette avec humeur mon livre loin de lui.
Pourtant si mes rêves sont des chimères, j'avoue
qu'ils me sont inspirés par un sincère amour du
bien public. Je cherche à tourner mon visage
du côté de la vérité, et j'appelle de tous mes
vœux le jour heureux qui verra la fin des malheurs de l'Italie, comme j'ai béni le ciel d'avoir
vu celui qui termina les malheurs de ma patrie.

Pour donner plus de force à mon opinion et

plus de vigueur à ma pensée, je joins à ces
pages écrites par une plume bien inhabile, la
traduction des dernières lignes du remarquable
ouvrage de *Machiavelli*, intitulé : « *Il Principe.* » Le lecteur y trouvera l'idée que j'ai osé
lui mettre sous les yeux, résumée en quelques
phrases tracées par une main de maître. Cet
extrait d'un chef-d'œuvre que tout le monde
admire, viendra avec assez d'à-propos terminer
cette discussion, et ceux qui seraient disposés
à se montrer sévères envers le traducteur, seront peut-être plus indulgents quand ils auront
entendu la voix du grand professeur de politique. J'aurai sans doute contre moi les lecteurs
de la *Biographie universelle de Feller;* mais
sans refuser la lutte, je continuerai ma citation,
la conscience fort tranquille, et conseillerai à
ces messieurs de ne pas faire comme leur maître
Feller, et de bien lire « *le Prince,* » de Machiavel, et surtout de tâcher de le bien comprendre
avant d'en oser faire la critique.

Quant aux personnes privilégiées qui savent

séparer l'horizon de la science de l'horizon
borné des préoccupations mesquines de castes
et de coteries, à ceux-là je leur offrirai, en réclamant toute leur bienveillance, les lignes suivantes, qui ont vivement frappé mon attention,
parce que, bien qu'écrites au xve siècle, elles
m'ont paru destinées à un grand prince du xix^e
à bien plus juste titre qu'au petit prince italien
auquel elles furent autrefois dédiées.

Laissons donc parler Machiavel :

« Il ne faut pas laisser passer cette occasion
» qui s'offre pour l'Italie de voir, après une
» si longue attente, apparaître son libérateur.
» Il ne m'est pas donné d'exprimer avec quel
» amour il serait reçu au milieu de toutes ces
» contrées qui ont tant souffert des invasions
» étrangères ; avec quelle soif de vengeance,
» quelle foi aveugle, quelle vénération, quelles
» larmes, ne serait-il point accueilli ! Quelles
» portes lui pourrait-on fermer ? Quelles pro-

» vinces oseraient lui refuser l'obéissance? Y
» aurait-il contre lui un seul regard de haine ou
» d'envie? Quel Italien n'irait point se pré-
» cipiter à ses pieds? Chacun a en horreur
» cette domination barbare qui nous opprime.
» Que votre illustre maison, Sire, accepte une
» si noble mission, avec cette énergie et cette
» foi que l'on met aux entreprises inspirées par
» la justice, afin que sous votre haute protec-
» tion notre patrie avilie puisse se réhabiliter,
» et que sous vos glorieux auspices on voie se
» vérifier ces paroles de Pétrarque :

» Virtu contro al furore
» Prendera l'arme, e fia il combatter corto;
» Chè l'antico valore
» Negl' Italici cuor non è ancor morto (1). »

Adieu, cher Paul : un maître a parlé, il con-

-----

(1) Opero scelte di N. Machiavelli. I v. in-8°, pubblicato per cura di Giuseppe Zirardini. *Chez Baudry, 3, quai Malaquais, Paris.*

vient que je me taise, de peur de troubler de
ma faible voix les échos qui rediront ses su-
blimes paroles ; aussi bien je n'ai que faire de
prononcer le nom populaire qui doit remplacer,
dans les lignes qui précèdent, celui de Médicis,
car déjà de toutes les lèvres il s'élève dans
les airs, au milieu des vivat des peuples qui
lui servent comme d'une immortelle auréole.

Adieu donc. Fasse le ciel que nos yeux voient
le jour où s'accompliront de si grandes choses,
et que notre plume ne soit pas inutile au triomphe d'une aussi sainte cause !

Ton ami,

ARTHUR.

FIN DU TROISIÈME ET DERNIER VOLUME.

TABLE DES MATIÈRES

DU TROISIÈME ET DERNIER VOLUME.

VINGT-DEUXIÈME LETTRE.

VINGT-SIXIÈME LETTRE.

VINGT-SEPTIÈME LETTRE.

LETTRE POST-SCRIPTA.

. FIN.

Page 28, ligne 6. *Au lieu de* la vieille cascade, *lisez* 'ancienne cascade.

Page 78, ligne 5. *Au lieu de* leur *moccoletti*, *lisez* leurs *moccoletti*.

Page 79, *note* (1). *Au lieu de* par ces espèces, *lisez* par des espèces.

Page 108, ligne 13. *Au lieu de* rendus à l'auberge, *lisez* arrivé à l'auberge.

Page 116, ligne 7. *Au lieu de* une steppe, *lisez* un steppe.

Page 126, ligne 2. *Au lieu de* à une steppe, *lisez* à un steppe.

Page 159, ligne 5. *Au lieu de* qui ont abritèrent, *lisez* qui abritèrent.

Page 194, ligne 5. *Au lieu de* il put voir sans être vu, *lisez* elle put voir sans être vue.

Page 219, ligne 7. *Au lieu de* ravissant aspect, *lisez* gracieux aspect.

Page 220, ligne 5. *Au lieu de* confort, *lisez* comfort.

Page 233, ligne 2. *Au lieu de* bien préparés, *lisez* préparés.

OUVRAGES DU MÊME AUTEUR.

DISCOURS PHILOSOPHIQUE sur l'espace et la
durée. Broch. in-8° . . . . » fr. » c.

L'IMMACULÉE CONCEPTION au point de vue
rationnel. Broch. in-8° . . . . » 50

BOUTADES PHILOSOPHIQUES. Broch. in-8° . . . . » 75

L'EMPIRE D'OCCIDENT RECONSTITUÉ, ou l'Équilibre européen assuré par l'union des races
latines. 1 vol. in-8° . . . . 2 »

VOYAGE A ROME EN 1853. 3 vol in-8° . . . . . 10 »

SOUS PRESSE :

LES ANIMAUX PHILOSOPHES, ou Contes pour faire rire les uns
aux dépens des autres. 1 vol. in-8".

LA PIE BAS-BLEU, ou Essais de critique littéraire. 1 vol.
in-8".

PARIS. — IMPRIMERIE CENTRALE DE NAPOLÉON CHAIX ET Cⁱᵉ, RUE BERGÈRE, 20. — 10508